*Ulm und Neu-Ulm – Kleine Stadtgeschichte*

Wolf-Henning Petershagen

# Ulm und Neu-Ulm
*Kleine Stadtgeschichte*

**VERLAG FRIEDRICH PUSTET**
**REGENSBURG**
**IN KOOPERATION MIT DEM**
**HAUS DER STADTGESCHICHTE –**
**STADTARCHIV ULM**

**UMSCHLAGMOTIVE**
Vorderseite: Ulm von Südwesten, um 1883; Eberhard Emminger
(Stadtarchiv Ulm). Rückseite: Blick auf Ulm und Neu-Ulm
(Stadtarchiv Ulm/Nadja Wollinsky)

**BIBLIOGRAFISCHE INFORMATION DER
DEUTSCHEN NATIONALBIBLIOTHEK**
Die Deutsche Nationalbibliothek verzeichnet diese Publikation
in der Deutschen Nationalbibliografie; detaillierte bibliografische
Angaben sind im Internet über http://dnb.dnb.de abrufbar.

**ISBN 978-3-7917-3039-4**
© 2019 by Verlag Friedrich Pustet, Regensburg
Herausgegeben vom Haus der Stadtgeschichte – Stadtarchiv Ulm
Reihen-/Umschlaggestaltung und Layout: Martin Veicht, Regensburg
Satz: Vollnhals Fotosatz, Neustadt a. d. Donau
Druck und Bindung: Friedrich Pustet, Regensburg
Printed in Germany 2019

Diese Publikation ist auch als eBook erhältlich:
eISBN 978-3-7917-6150-3 (epub)

Weitere Publikationen aus unserem Programm
finden Sie auf www.verlag-pustet.de
Kontakt und Bestellungen unter verlag@pustet.de

# Inhalt

**De iure zwei Städte – de facto eine Doppelstadt** . . . . . . . . . . . 7

**Vom Bärenhund zum Festungs-Ziegel** . . . . . . . . . . . . . . . 10
Land unter / Als die Donau ihr Bett verließ / Ein anderer
Landschaftsraum / *Als die Region den Äquator überschritt*

**Von den Mammutzahn-Schnitzern zur ältesten Ulmerin** . . . . . 18
Die ersten Bauern / *Das Löwenmensch-Puzzle*

**Kelten, Römer, Alamannen** . . . . . . . . . . . . . . . . . . . . . 25
Handel, Verkehr und wandernde Grenzen / *Die Verwandten
der Donau*

**Das alamannische Ulm** . . . . . . . . . . . . . . . . . . . . . . . 31
Die Kirche ennet felds / *Flurnamen erinnern an die Alamannenzeit*

**Die Pfalz Ulm** . . . . . . . . . . . . . . . . . . . . . . . . . . . . 38
Im Abseits / Ulm vor tausend Jahren / Ulm wird wieder
wichtig / Der Gang nach Canossa endet in Ulm / *Der erste Tag
in der Geschichte Ulms*

**Die Staufer** . . . . . . . . . . . . . . . . . . . . . . . . . . . . . . 47
Eine völlig neue Stadt / Ulm vor 800 Jahren / *Der Knochen-Keller*

**Das Jahrhundert der Großprojekte** . . . . . . . . . . . . . . . . 57
Der Kleine und der Große Schwörbrief / Ulm boomt und baut
ein Münster / Die Erweiterung von Stadt und Territorium /
Bündnispolitik / *Seit 1345: Der Schwörmontags-Schwur*

**Ulms kulturelle Blütezeit** . . . . . . . . . . . . . . . . . . . . . 68
Ulmer Spätgotik – ein Exportschlager / Ulms Bilderbuch-
Rathaus / Denker und Drucker / *Ulms mittelalterliche Wasserversorgung*

### Zeit des Umbruchs ............................................. 78
Die wirtschaftliche und geistige Wende / Bürgerentscheid für die Reformation / Die Entmachtung der Zünfte / Bauernkrieg und Festungsbau / Die Folgen der »Kleinen Eiszeit« / Vorratsspeicher und Waffenkammern / *Das Ulmer Fischerstechen*

### Krieg und Wissenschaft ........................................ 92
Wallensteins gefräßiges Gefolge / Unter schwedischem Kommando / »Die Ulmer sind Mathematiker« / Wissens-Transfer: Pfarrer, Lehrer, Schulen / *Warum die Ulmer »Kühdreckfresser« hießen*

### Der Niedergang der Reichsstadt ................................ 103
Der »Ulmer Gulden« / Truppen und Emigranten auf der Donau / Die Bürger begehren auf / Die Ulmer Aufklärer / Die ersten Vereine / Naherholung rechts der Donau / *Die Schwanenwirtin*

### Die Teilung Ulms .............................................. 116
Festungsgürtel wird zur Promenade / Ulm wird bayerische Provinzhauptstadt / Neue Grenze in der Donau / Neu-Ulms Embryonalstadium / Ulm ohne »Ulmer Winkel« / *Der Schneider von Ulm*

### Brückenschläge und Festungsbau ............................... 126
Die Ludwig-Wilhelms-Brücke / Die Bundesfestung / Die Eisenbahn / Unruhige Zeiten / Die Industrialisierung / Die Rückkehr der Juden / Einwohner- und Stadtentwicklung / Die Infrastruktur / Die Vollendung des Ulmer Münsters / *Der Ulmer Spatz*

### Krieg und Frieden ............................................. 145
Das Korsett wird gesprengt / Zwischen den Kriegen / Das »Dritte Reich« / *Sieben Tote vor dem Rathaus*

### Auferstanden aus Ruinen ...................................... 159
Vertriebene und Entwurzelte / Schon wieder Garnison – und Hauptquartier / Erneute Brückenschläge / Boom und Krise / Quantität und Qualität / vh und HfG: *Das Erbe der Scholls*

### Anhang ....................................................... 177
Zeittafel / Stadtplan / Bildnachweis / Literatur / Register

# De iure zwei Städte – de facto eine Doppelstadt

Aus höheren Sphären betrachtet sind Ulm und Neu-Ulm eine Einheit, eine Stadt, durch die ein Fluss fließt, die Donau. Die Altstadt liegt am linken Flussufer. Nördlich davon sowie am anderen, südlichen Flussufer erstrecken sich die beiden Neustädte des 19. Jhs., erkennbar am zeittypisch angelegten rechtwinkligen Straßennetz.

Was man von oben allerdings nicht sieht: Die Neustadt am rechten Flussufer heißt Neu-Ulm, gehört nicht zum selben Bundesland wie die am linken Ufer, obwohl beide vom selben eiförmigen Grüngürtel umgeben sind, den die Wälle und Gräben der Bundesfestung aus dem 19. Jh. hinterlassen haben. Denn 1810 ließ Napoleon das einstige Ulmer Gebiet teilen, zog die neue Landesgrenze zwischen den Königreichen Bayern und Württemberg mitten in der Donau, und seither haben Ulm und Neu-Ulm, das erst noch entstehen musste, ihre jeweils eigene Geschichte.

Im Alltag aber sind die beiden Städte ihren Bewohnern buchstäblich eins. Sie arbeiten dort, wo sie einen Arbeitsplatz gefunden haben, schicken ihre Kinder dort in die Schule oder zur Ausbildung, wo das Programm passt, besuchen dort das Kino, wo ein Film läuft, der ihnen gefällt, gehen zum Einkaufen oder essen ihren Zwiebelrostbraten dort, wo ihnen das Preis-Leistungs-Verhältnis zusagt. Insofern müsste es logisch sein, dass sie, sofern an Lokalgeschichte interessiert, die ganze Geschichte der Doppelstadt erfahren möchten und nicht immer nur die eine oder andere Hälfte. Bisher wurden allerdings nur einzelne Themenbereiche grenzüberschreitend behandelt, etwa in Herbert Birkenfelds wegweisendem *Luftbildatlas Region Ulm/Neu-Ulm*. Aber eine gemeinsame Stadtgeschichte gab es bislang nicht.

Der Versuch einer solchen sei hiermit gewagt. Da sie in der Pustet-Schriftenreihe *Kleine Stadtgeschichten* erscheint, ist ihr Umfang, dem Reihentitel entsprechend, begrenzt, und das ist gut

Nördlich und südlich der Ulmer Altstadt wuchsen im 19. Jh. zwei rechtwinklig angelegte Neustädte. Die südliche heißt Neu-Ulm.

so. Dies zwingt, nur das zu thematisieren, was notwendig ist, um die Doppelstadt, ihre Struktur, ihre wichtigsten Merkmale und vielleicht auch die Mentalität ihrer Bewohner zu begreifen. Es bleibt daher Vieles unerwähnt. Diejenigen, die mehr erfahren wollen, finden im Anhang die Titel der wichtigsten Werke, die für dieses Buch Verwendung fanden.

Diese *Kleine Stadtgeschichte* schneidet eine Vielzahl von Themenbereichen an: von der Erdgeschichte über die Archäologie und die mittelalterliche Geschichte bis ins Hier und Heute. Um die dabei kaum vermeidliche Fehlerquote in erträglichen Grenzen zu halten, habe ich mir den Rat der jeweiligen Experten geholt. Großen Dank schulde ich daher dem Geographen Herbert Birkenfeld, dem Kurator Archäologie des Museums Ulm, Kurt Wehrberger, dem Leiter des Ulmer Stadtarchivs, Michael

Wettengel, und besonders seiner Mitarbeiterin Gudrun Litz, die das gesamte Produkt kritisch unter die Lupe genommen hat. Ulrich Seitz, der Vorsitzende des Historischen Vereins Neu-Ulm, hat mit seinem profunden Wissen über Neu-Ulm gewährleistet, dass die mir bislang weniger vertraute Geschichte dieses Teils der Doppelstadt korrekt dargestellt ist. Außerdem hat er sein umfangreiches Bildarchiv zur Illustrierung dieses Bandes zur Verfügung gestellt.

Michael Wettengel gebührt zudem Dank dafür, dass er dieses Buch in die Reihe der Publikationen des Stadtarchivs aufgenommen hat. Seine Mitarbeiter Matthias Grotz und Nadja Wollinsky haben zur Illustrierung des Bandes beigetragen, ebenso Eva Leistenschneider vom Museum Ulm, Peter Jankov vom Naturkundlichen Bildungszentrum Ulm, Michael Draesner von der städtischen Abteilung Vermessung, Richard Ambs, Vorsitzender der Archäologiefreunde Neu-Ulm, die Leiterin des Neu-Ulmer Stadtarchivs, Larissa Ramscheid, und das Historische Archiv Iveco-Magirus. Wenn bei der Bildauswahl das aktuelle Stadtbild zu kurz kommt, dann deswegen, weil es mühelos im Internet zu finden ist.

Ebenfalls online zugänglich sind die Quellenangaben. Sie und die vollständige Literaturliste sind als pdf auf den Seiten des Stadtarchivs Ulm in der Rubrik »Veröffentlichungen/Sonderveröffentlichungen« zu finden.

# Vom Bärenhund zum Festungs-Ziegel

Nashörner, Krokodile, Tapire, Schildkröten, Maulwürfe, Bärenhunde! Die Paläontologen jubelten, als sie im Herbst 1987 auf der Baustelle der Westtangente auf einen wahren Friedhof von versteinerten Land- und Wassertieren gestoßen waren. Die hatten vor 21 bis 22 Mio. Jahren eine subtropische Fluss- und Seenlandschaft bevölkert, an deren Stelle sich heute das Oberzentrum Ulm/Neu-Ulm befindet.

Die Sensation bestand weniger in der Erkenntnis, dass das hornlose Riesennashorn Plesiaceratherium nebst seinem kleinwüchsigen Verwandten, dem Protaceratherium, auch in dieser Gegend gegrast haben. Vielmehr war es die immense Artenvielfalt, deren Knochen, Schädel, Schnäbel, Zähne und Panzer auf wenigen Quadratmetern in einer etwa 40 cm mächtigen Bodenschicht versammelt waren: 10.000 Reste von etwa 50 Wirbeltierarten, davon mehr als die Hälfte Säuger.

Dafür gab es nur eine plausible Erklärung: Die Tiere hatten sich hier nicht etwa zum Sterben niedergelegt. Vielmehr waren sie schon tot, möglicherweise ertrunken, als sie im Zuge einer Überschwemmungskatastrophe von der Strömung eines Flusses oder Sees an dieser Stelle zusammengetrieben worden waren, bevor das Wasser sich in seine gewohnten Bahnen zurückzog.

Diese Episode wirft ein Schlaglicht auf den dramatischen Wandel, der seit Hunderten von Jahrmillionen die Landschaft gebildet und verändert hat – und, woran kaum jemand denkt, weiterhin verändern wird. Um zu ergründen, wie das vor sich ging, wollen wir die regionale Erdgeschichte nur so weit erkunden, wie sie in Landschaft und Bauwerken der Region noch erlebbar ist. Das heißt: zurück bis zur Jura-Zeit.

## Land unter

Vor etwa 200 Mio. Jahren lag die Ulmer Region wesentlich weiter südlich, grob geschätzt in den Breiten, wo sich heute die

Pyramiden von Gizeh befinden. Damals zerbrach der Superkontinent Pangäa in den nördlichen Teil Laurasia, der auch das nachmalige Europa umfasste, und das südliche Gondwana. Zwischen beide drängte sich die Tethys, der weltumspannende Ozean, der mittlerweile zum Mittelmeer geschrumpft ist. Deswegen stieg damals, zu Beginn des Jura-Zeitalters, der Meeresspiegel, während das Germanische Becken, in dem auch der Bereich der heutigen Schwäbischen Alb liegt, sank. Von Nordosten und Südwesten drang Wasser vor. So überflutete vor etwa 195 Mio. Jahren das Jura-Meer die Region und bedeckte sie gute 50 Mio. Jahre lang. Zunächst war sie nur durch einen schmalen Zugang mit der Tethys verbunden. Später, im Weißen Jura, war das hiesige Schelfmeer quasi die Flachwasserzone der Tethys.

Der relativ flache Meeresboden blieb ständig in Bewegung. Er hob und senkte sich weiterhin, bildete mitunter Inseln, verschob die Küstenlinien. Die unterschiedliche Tiefe wiederum wirkte sich auf die Meeres-Flora und -Fauna aus – und auf die Farbe dessen, was davon übrig ist: Die unterste und älteste Schicht des Jura ist schwarz, da sie aus einem tieferen Bereich stammt. Das Wasser dort war schlecht durchlüftet und daher arm an Sauerstoff, weshalb die abgestorbenen Organismen verfaulten und den sich ablagernden Ton schwarz färbten. Doch haben sich in der mutmaßlich stinkenden Masse die einzigartigen Skelette der lebendgebärenden Fischsaurier erhalten, die bis zu 18 m lang werden konnten.

Darüber liegen die eisenhaltigen Mergel, Tone, eisenhaltigen Sandsteine des braunen Jura, die sich in der Nähe eines Festlandes gebildet hatten. Von den letztgenannten profitierten die Erbauer des Ulmer Münsters: Für den mittelalterlichen Teil des Turmes haben sie unter anderem den bräunlich-gelblichen Donzdorfer Sandstein verwendet, der an manchen Stellen der Westfassade noch deutlich zu erkennen ist.

Weiter entfernt von der Küste haben sich die hellen Kalke des Weißen Jura abgelagert, der mit seinen Riffen das Bild der Schwäbischen Alb prägt. Aus diesen Jura-Kalksteinen wurden im 19. Jh. die gewaltigen Werke der Bundesfestung Ulm erbaut. Damals erblühte auch die Ulmer Zementindustrie, die maßgeblich zum Wohlstand der Stadt beitrug.

Der Unterkiefer des Bärenhundes, der beim Bau der Ulmer Westtangente ausgegraben wurde.

Das Meer, das sich vor etwa 145 Mio. Jahren, gegen Ende der Jura-Zeit, zurückgezogen hat, war allerdings nicht das letzte, das die Region bedeckte. Gut 100 Mio. Jahre später, im Tertiär, setzte ein Vorgang ein, der eine ganze Abfolge von Wassereinbrüchen zur Folge hatte: die Entstehung der Alpen. Damals bewegte sich Afrika nach Norden, Spanien dockte an Südfrankreich an, und Italien steuerte auf die europäische Kontinentalscholle zu. Bei dieser Kollision diente das heutige Alpengebiet als Knautschzone und schlug heftige Falten. Doch unmittelbar nördlich davon senkte sich das Land und bildete einen Trog, der sich vor 35 bis vor 10 Mio. Jahren bis zu etwa 5 km hoch mit den Schutt-Sedimenten der Alpen, der sog. Molasse, füllte.

Zunächst war über einen schmalen Meeresarm Salzwasser eingedrungen. Nach der Verlandung dieses Armes, der die »Untere Meeresmolasse« zurückließ, bildeten sich vor etwa 24 Mio. Jahren jene Seen und Flüsse, in deren Umgebung die eingangs erwähnten Nashörner, Krokodile, Schildkröten und Bärenhunde lebten. Die Schichten dieser »Unteren Süßwassermolasse« können im Ulmer Raum bis zu 90 m mächtig sein, denn sie reichten bis hierher, an den Südrand der späteren Alb. Aus ihren Kalken und Kalkmergeln bestehen die Höhen Ulms, der Kuhberg, der Eselsberg, des Michelsberg und der Safranberg.

Dann aber senkte sich das Alpenvorland erneut. Vom Rhonetal sowie vom Wiener Becken drangen die Fluten der Tethys ein und bildeten jenes Tertiär-Meer, dessen Küstenstreifen, die »Klifflinie«, sich noch heute ein paar Kilometer nördlich von Ulm klar abzeichnet. Ein eindrucksvolles Stück dieser Küstenfelsen, in denen vor 18 Mio. Jahren Bohrmuscheln ihre Löcher hinterlassen haben, erinnert etwa 25 km Luftlinie von Ulm, bei Heldenfingen, an die Bahamas. Aus der »Oberen Meeresmolasse«, die jenes Meer produziert hat, ragen die zusammengebackenen Turmschnecken hervor, die auf der nach ihnen benannten »Turritellenplatte« beim Fernsehturm im Stadtteil Ermingen zu finden sind.

Wieder hob sich das Land. Nun wurde es von einem mächtigen Fluss entwässert, der sich eine etwa 10 km breite und bis zu 150 m tiefe Rinne dort ins Gelände grub, wo heute der Südrand der Alb verläuft. Allerdings floss er entgegengesetzt zur heutigen Donau, nämlich von Nordosten in Richtung Schaffhausen, wohin sich das Meer zurückgezogen hatte. Dieser Fluss hat die tiefgelben Graupensande in die Gruben des Stadtteils Eggingen geschwemmt, aus denen die Ulmer Baustellen lange Zeit ihr Material bezogen.

Sparen wir uns die komplexen Einzelheiten der weiteren regionalen Erdgeschichte. Kurz gesagt: Das Hin und Her von Salz- und Süßwasser ging weiter, was sich in den Schichten der »Süßbrackwasser-« und schließlich der »Oberen Süßwassermolasse« niederschlug.

### Als die Donau ihr Bett verließ

Die Flüsse jener Zeit flossen immer noch von Osten nach Westen. Doch vor etwa 8 Mio. Jahren änderte sich die Richtung: Die Landschaft geriet in Schieflage. Bis dahin hatten die steinernen und sandigen Hinterlassenschaften der Jahrmillionen wie die Schichten einer Torte übereinandergelegen. Doch nun kippte die Torte. So entstand die Schwäbische Alb. Wie bei einer Eisscholle, die an einer Seite unter Wasser gedrückt wird, ragt die entgegengesetzte Bruchkante steil in die Höhe. Diese

Kante entspricht dem Albtrauf, dem Steilabfall am Nordwestrand der Alb, wo die Schichten des weißen und braunen Juras offen zutage liegen – was in Ulm nicht der Fall ist. Vom Scheitel laufen diese Schichten schräg nach unten und versinken südlich der Donau in der Tiefe unter den Schottern der Eiszeit.

Der Strom, der nun südlich entlang der Klifflinie nach Osten floss, war die Urdonau. Ihr Quellgebiet lag im Bereich des St. Gotthard, da sich die Alb im Westen stärker gehoben hatte. Das heißt, die Donau sammelte die Wasser nicht nur des Alpenrheins und der Wutach, sondern womöglich auch der Aare und der oberen Rhone. Im Ulmer Bereich finden sich ihre Schotter hoch über dem heutigen Fluss auf dem Hochsträß und dem Oberen Eselsberg – und auf den Höhen beiderseits Blaubeurens.

Doch als das Flussbett infolge weiteren Kippens der Alb gehoben wurde, begab sich die Urdonau mehrere Stufen nach unten. Vor etwa 1 Mio. Jahren begann sie damit, ihren Lauf, der damals in der Schleife von Ehingen über Blaubeuren nach Ulm verlief, einzutiefen, womit sie während der beiden ersten Eiszeiten beschäftigt war. Doch vor etwa 200 000 Jahren, in der Mitte der Riß-Eiszeit, suchte sie sich ein neues Bett am Südrand des Hochsträß. Dort bildet sie seither die Grenze zwischen Alb und Alpenvorland. Ihr altes Bett überließ sie der Schmiech, der Ach und der Blau.

Zwischen der Riß- und der Würm-Eiszeit muss die Blau als relativ großer Fluss am Fuß des Ulmer Michelsbergs entlanggeflossen sein, bevor sie mutmaßlich bei der heutigen Friedrichsau in die Donau mündete. Die aber verstopfte im Lauf der Zeit die Blau-Mündung mit Schotter. So bildete die Blau ein Becken, worin sich Schlamm und Kalktuff ablagerten, bis sie sich einen neuen Abfluss schuf. Über diesen später ausgetrockneten Blausumpf ragt südlich, im Altstadtgebiet, der »Ulmer Rücken« empor, eine eiszeitliche Schotterterrasse, die einen festen Baugrund bot – im Gegensatz zum »Boden«, wie das einst sumpfige Gebiet heißt. Auf dessen labilen Grund wurden erst seit Mitte des 19. Jhs. Häuser gebaut: die Ulmer Neustadt.

## Ein anderer Landschaftsraum

Die Landschaft südlich der Donau gehört zu den so genannten »Iller-Lech-Platten«. Sie ist anders strukturiert als der Landschaftsraum Alb, der an der Bettkante der Donau endet. Während die Alb von Südwesten nach Nordosten verläuft, ziehen die Höhenzüge südlich der Donau von Süden nach Norden. In den dazwischenliegenden Tälern fließen die Flüsse des Voralpenlandes in Richtung Donau. Schuld an dieser Struktur sind die Gletscher der Eiszeiten, die vor 1,8 Mio. Jahren einsetzten. Auch wenn sie nie bis in die Region Ulm/Neu-Ulm vorgedrungen sind, schob doch ihr Schmelzwasser riesige Mengen an Schotter und Sand bis zur Donau und bildete lehmbedeckte Schotterterrassen, die bis ins Gebiet der Ulmer Innenstadt zu den Anhöhen rund um das Ulmer Becken reichen. Ihre mächtigen Schotterpakete bilden die Rote Wand, den Wasserspeicher, dem ihr hoher Reinigungseffekt eine hervorragende Trinkwasserqualität beschert.

Unter diesen neuen Schichten sind die des Jura und der Molasse versunken – aber nach wie vor präsent. So besteht durchaus die Chance, auch im Neu-Ulmer Untergrund einen Fischsaurier zu finden, wenn man nur lange und tief genug gräbt.

Auch die Böden der Region verdanken ihre Qualität den Eiszeiten. Der Staub der Sand- und Kiesbänke aus dem Bereich der Donau wurde vom Winde verweht und lagerte sich als Löß und Lößlehm an anderen Stellen ab. In der Ulmer Altstadt ist die Lehmschicht auf der Schotterterrasse 2 bis 4 m mächtig. Diesem Schwemmmaterial, verwittertem Schotter, verdankten die Erbauer des bayerischen Teils der Bundesfestung Ulm den Lehm, woraus sie in Pfuhl die Ziegel für ihre Bauten brennen ließen. Denn die sind auf der Neu-Ulmer Seite überwiegend rot – im Gegensatz zum Jura-Weiß der Festungswerke auf der Ulmer Seite.

Zu den Schmelzwassern, die der Donau zuflossen, gehörten die des Illergletschers, aus denen die Iller hervorging. Auch sie brauchte mehrere Eiszeiten, bis sie um etwa 1.300 v. Chr. ihr heutiges – im 19. Jh. begradigtes – Bett gefunden hatte.

# Kambrium

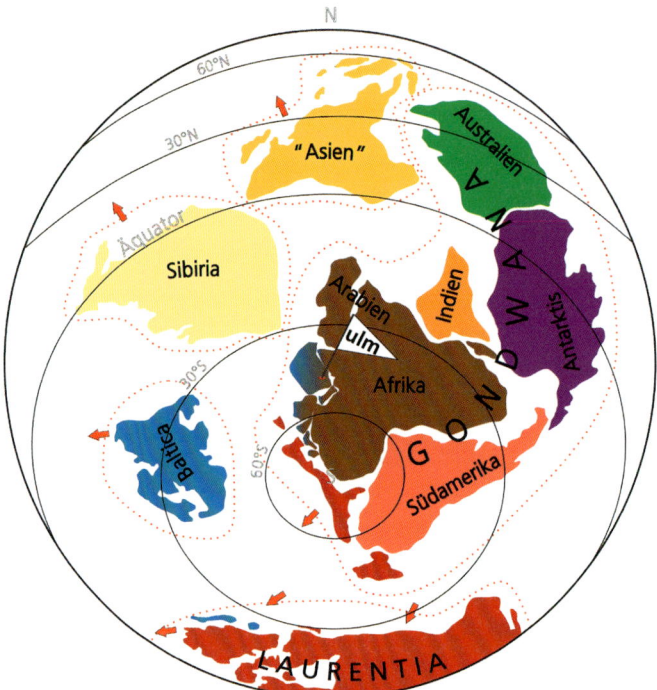

**Zur Zeit des Kambriums, vor etwa 500 Mio. Jahren, trieb die Ulmer Region noch zwischen dem 30. und 60. Grad südlicher Breite.**

Floss sie in der Riß-Eiszeit noch durch das Weißenhorner Tal, entschied sie sich in der letzten, der Würm-Eiszeit, für das heutige Illertal. Ihr altes Bett übernahmen die Leibi und die Roth. Nachdem die Iller »sesshaft« geworden war, bildeten sich in den Überschwemmungsgebieten östlich davon auf den Schottern die moorigen Riedflächen des heute in Neu-Ulm gelegenen Ulmer Rieds.

**ALS DIE REGION DEN ÄQUATOR ÜBERSCHRITT**

Wenn wir Jahrmillionen weit in die Erdgeschichte einer Region zurückblicken, ist uns meist nicht bewusst, dass der Untergrund und die Landschaften, die diese Region bilden, sich ursprünglich einmal an einer völlig anderen Stelle des Globus befunden und in diesen Jahrmillionen eine enorme Wanderung vollzogen haben. Diese Wanderung heißt Kontinentaldrift oder -verschiebung. Die äußere Erdhülle besteht aus Platten, die auf dem Oberen Erdmantel umhergleiten. Mal vereinen sich die Landmassen zu Superkontinenten, mal brechen sie wieder auseinander. Der bislang letzte Superkontinent der rund 4,5 Mrd. Jahre alten Erdgeschichte ist Pangaea, entstanden vor etwa 300 Mio. Jahren. Zu Beginn der Jura-Zeit, vor 200 Mio. Jahren, zerbrach er wieder.

Damals lag die Ulmer Region wesentlich weiter südlich als heute, unterhalb des 30. Grads nördlicher Breite, auf dem sich gegenwärtig die Pyramiden von Gizeh befinden. Das mutet heute schier unglaublich an, ist aber quasi vor der Haustüre, verglichen mit der Lage zur Zeit des Kambriums vor ungefähr 500 Mio. Jahren: Damals driftete das Ulmer Territorium noch zwischen dem 60. und 30. Grad südlicher Breite, weit unterhalb der heutigen Südspitze Afrikas, so langsam nordwärts, dass es etwa 100 Mio. Jahre brauchte, bis es sich dem Äquator näherte. Der war vor 300 Mio. Jahren überschritten, aber noch lag die Ulmer Region südlich der Breiten, auf denen die Ägypter später ihre Pyramiden bauten.

Erst vor etwa 2 Mio. Jahren, als die Urdonau über das Hochsträß und den Oberen Eselsberg floss und der Homo erectus begann, sich über Afrika hinaus zu verbreiten, war die Ulmer Region in etwa an ihrem heutigen Standort angelangt.

# Von den Mammutzahn-Schnitzern zur ältesten Ulmerin

Wann hat erstmals ein Mensch seinen Fuß auf das Gebiet der Doppelstadt gesetzt, in der heute rund 182.000 Exemplare dieser Spezies leben? Die Frage wird nie zu beantworten sein, zumal die örtlichen klimatischen und geologischen Umstände sämtliche Spuren der frühesten Besiedelung längst vernichtet haben.

Etwas günstiger sieht es 20 km Luftlinie weiter nordöstlich aus, im Lonetal. In einer der dortigen Alb-Höhlen, dem Hohlenstein-Stadel, hat der Oberschenkelknochen eines Neandertalers überdauert, der einzige, der bislang in Baden-Württemberg gefunden wurde. Er ist, wie die neuesten Messungen ergeben haben, 124.000 Jahre alt. Das heißt zunächst einmal, dass die Region spätestens seit Ende der Riß-Eiszeit von Menschen bewohnt wurde.

Darüber hinaus hat die DNA dieses Neandertalers Furore gemacht, weil sie Spuren einer frühen Form des modernen Menschen enthält, der nach bisheriger Auffassung damals noch in Afrika lebte und sich erst 80.000 Jahre später auf den Weg nach Europa machte. Das spricht dafür, dass der moderne Mensch in mehreren Wellen Europa erreicht hat und der Vertreter oder die Vertreterin einer der früheren Wellen intimeren Kontakt zu den Ureinwohnern, den Neandertalern, aufgenommen hat.

Die jüngste und nachhaltigste Ankunft des Homo sapiens liegt ungefähr 40.000 Jahre zurück. Und wieder sind es die Alb-Höhlen um Ulm, die dies auf die erdenklich eindrucksvollste Weise dokumentieren. Denn in derselben Höhle, in welcher 1937 der Neandertaler-Knochen gefunden wurde, gruben Archäologen unmittelbar vor Ausbruch des Zweiten Weltkrieges die bearbeiteten Stücke eines Mammutstoßzahnes aus, die sich nach dem Krieg in einem kinoreifen, jahrzehntelangen Puzzle mit weiteren Splittern zum weltberühmten Löwenmenschen fügten. Die 31 cm hohe Figur (s. S. 23) ist die bislang erste bekannte Mensch-Tier-Plastik der Welt. Ihr Alter wird auf rund 40.000 Jahre veranschlagt, und sie ist deswegen so sensationell, weil sie beweist, dass der frühe moderne Mensch nicht nur abbildete, was er sah, sondern auch Vorstellungen entwickelte, die jenseits der realen Welt lagen.

Was die figürliche Darstellung seiner ganz konkreten Umwelt betraf, schuf der moderne Mensch kurz nach seiner Ankunft auf der Alb ebenfalls Meisterhaftes. Nicht nur in den Höhlen des Lonetals, sondern auch des etwa 35 km entfernten Achtals, durch das einst die Ur-Donau geflossen war, hinterließ er eine ganze Menagerie aus Elfenbein-Figürchen: Pferd, Mammut, Höhlenlöwe, Wasservogel – und die erst 2008 entdeckte älteste Menschen- und Frauenfigur der Welt: die Venus vom Hohlen Fels bei Schelklingen. Nicht zu vergessen: Dort sowie in den Lonetal-Höhlen wurden auch noch die ältesten bekannten Musikinstrumente in Gestalt von Flöten aus Vogelknochen und Elfenbein ausgegraben.

Die Nachweise der frühesten bislang bekannten bildenden Kunst und Musik fanden sich also unmittelbar nördlich der Region Ulm/Neu-Ulm, in den Höhlen des Lone- und des Achtals. Diese Fundstätten wurden daher 2017 dem UNESCO-Weltkulturerbe zugeschlagen. Dass die Figuren und Flöten ausgerechnet hier entdeckt wurden, hat zum einen mit der Erdgeschichte zu tun, die mit den Höhlen im Schwäbischen Jura hervorragende Erhaltungsbedingungen geschaffen hatte. Zum andern hängt es auch mit der Forschungstradition im deutschen Südwesten zusammen, die bis in die 1860er-Jahre zurückreicht. Schließlich aber hat auch die Donau eine nicht zu vernachlässigende Rolle gespielt. Sie wies den Zuwanderern während der letzten Eiszeit den Weg in die Höhlen der eisfreien Alb. In der Tat hatte die »Venus von Schelklingen« die »Venus von Stratzing« respektive »Fanny vom Galgenberg« entthront, die 1988 im österreichischen Krems an der Donau ausgegraben worden war: Mit ihren 32.000 Jahren war sie bis dahin die Alterspräsidentin unter den Eiszeit-Venüssen gewesen.

## Die ersten Bauern

Auch in der Jungsteinzeit funktionierte der Donau-Korridor als »Kulturpumpe«. Das zeigt die Invasion der Bandkeramiker, die vor über 7.000 Jahren, aus der Levante kommend, entlang der Donau nach Mitteleuropa vordrangen. Sie waren Träger der »neolithischen Revolution«, indem sie die nomadisierende Jäger- und Sammler-Kultur durch eine Bauernkultur ersetzten, die zur Sesshaftigkeit zwang. Benannt wurde die Kultur dieser ersten Bauern und Töpfer nach der Art, wie sie ihre Gefäße verzierten. Eines davon im Museum Ulm zeigt noch die Fingerabdrücke seines Schöpfers.

Diese Ur-Bauern ließen sich auch in der Ulmer Region nieder. Die Siedlung, die sie damals im heutigen Ulmer Ortsteil Eggingen angelegt haben, gehört zu den ersten auf der Schwäbischen Alb. Was von der Siedlungsfläche noch übrig war, wurde 1983–85 ausgegraben, darunter 33 Häuser. Insgesamt dürften es um die 200 gewesen sein, die allerdings mit einer Lebensdauer von maximal 40 Jahren über 300 bis 400 Jahre zu verteilen sind. Das heißt, das Dorf hat im langjährigen Mittel wohl aus 15 bis 20 Häusern bestanden, in denen jeweils zwischen 5 und 10 Personen gelebt haben. Neben Gerste, Einkorn, Emmer, Linsen, Erbsen und Lein bauten sie übrigens auch Schlafmohn an.

Etwa 400 Jahre jünger ist die älteste bandkeramische Siedlung, die 1988 im Neu-Ulmer Landkreis entdeckt wurde. Sie liegt zwischen Hittistetten und Witzighausen. Während dort, auf der rechten Donauseite, bandkeramische Siedlungen selten und nur auf den Lößinseln zu finden sind, waren die Siedlungsbedingungen links der Donau am Südrand der Alb günstiger. Deshalb gibt es dort viele Funde aus jener Zeit, etwa die bandkeramische Siedlung, die 2010 südlich des Ulmer Ortsteils Lehr bei der Sondierung des Untergrunds für die ICE-Trasse Ulm–Stuttgart aufgedeckt wurde. Die dabei gefundenen Gegenstände beweisen, dass damals schon der Fernhandel blühte.

Ungefähr 6.000 Jahre alt ist die nördlichste der Feuchtboden-Siedlungen Südwestdeutschlands unmittelbar westlich von Ulm im Blautal bei Ehrenstein. Sie gehört der jungsteinzeitlichen Schussenrieder Kultur an und bestand aus 30 bis 40 meist zweiräumigen Häusern, die in vier Reihen standen. Das Besondere an ihr war zum einen, dass sie unmittelbar an der Blau lag, weshalb die Häuser auf Böden aus armdicken Erlenstämmen standen, die auch den Vorplätzen festen Untergrund boten. Zum andern haben ihre Bewohner merkwürdige und strahlenförmig verzierte Kalksteinscheiben unterschiedlicher Größen produziert, die es sonst nirgendwo auf der Welt gibt. Sie sehen aus wie überdimensionale Knöpfe. Wozu sie dienten, ist allerdings nach wie vor ein Rätsel. Seit 2011 gehört die vom Erdboden verdeckte Siedlung zusammen mit anderen prähistorischen Pfahlbauten um die Alpen zum UNESCO-Weltkulturerbe.

Die ältesten sterblichen Überreste eines Menschen, die bislang im Bereich der Ulmer Innenstadt gefunden wurden, sind die eines Mannes aus der jungsteinzeitlichen Michelsberger Kultur. Teile seines Skeletts lagen in der Verfüllung eines rätselhaften, etwa 4.500 bis 5.000 Jahre alten Grabens, von dem allerdings zu wenig übrig war, um seinen Verlauf zu rekonstruieren. Er wurde 2007 in einer Baugrube Ecke Neue Straße/Grünhofgasse freigelegt und gilt als die bislang älteste prähistorische Grabenanlage im Ulmer Stadtgebiet.

Fast komplett erhalten ist hingegen die »älteste Ulmerin«. Sie lebte vor rund 4.300 Jahren in der Späten Jungsteinzeit und war zum Zeitpunkt ihres Todes etwa 30 Jahre alt. Ihre Angehörigen bestatteten sie in Hockstellung, den Kopf nach Süden, den Blick nach Osten. Ihr Grab wurde 1989 mitten auf dem Ulmer Münsterplatz entdeckt, an der Stelle, wo heute das Stadthaus steht. Vom Gewand, das sie getragen hatte, waren noch die aus Knochen gefertigten, kegelförmigen 31 Knöpfe übrig.

Als Beigabe auf ihre letzte Reise erhielt die etwa 1,65 m große Frau zwei Becher. Sie ähneln einer umgedrehten Glocke, weshalb dieser Gefäßtyp »Glockenbecher« heißt und die Kultur, die ihn hervorgebracht hat, »Glockenbecherkultur«. Sie war europaweit verbreitet, doch das Grab auf dem Münsterplatz ist das bislang einzig bekannte im Ulmer Raum. Das deutet darauf hin, dass die Frau einer durchreisenden Gruppe angehörte, als sie im nachmaligen Ulm vom Tod ereilt wurde.

Aus der anschließenden Bronzezeit gibt es zwar massenhaft Funde: Schwerter, Äxte, Schmuck. Die wurden aber zum größten Teil aus den Kiesgruben und Gewässern beiderseits der Donau geborgen – Indizien dafür, dass viele von ihren Besitzern ganz bewusst als Opfergaben ins Wasser geworfen wurden. Siedlungsstellen aus jener Zeit sind im Bereich der Doppelstadt bislang keine bekannt, dafür aber aus der unmittelbaren Umgebung am Albrand oder auf den Erhebungen zwischen den Flusstälern südlich der Donau.

**DAS LÖWENMENSCH-PUZZLE**

Vor etwa 40.000 Jahren deponierte ein Vertreter des relativ kurz zuvor eingewanderten modernen Menschen in der Nische einer Höhle des Lonetals die Statuette eines Mischwesens, halb Mensch, halb Höhlenlöwe, geschnitzt aus dem Stoßzahn eines jungen Mammuts.

Das Versteck, das heute »Hohlenstein-Stadel« heißt, blieb unberührt bis zum 25. August 1939. In den Jahrzehntausenden hatte sich eine 1,20 m dicke Erdschicht darüber gebreitet, die nun von einer Grabungsmannschaft abgetragen wurde. Ihr Chef war der Tübinger Anatom Robert Wetzel (1898–1962). Mit finanzieller Unterstützung der Forschungsgemeinschaft Deutsches Ahnenerbe, einer Einrichtung der SS, hoffte er, im Hohlenstein-Stadel Kunst aus der Eiszeit zu finden.

Es war der letzte Tag der Grabung: Der Ausbruch des Zweiten Weltkriegs stand unmittelbar bevor. Die Ausgräber hatten keine Zeit mehr, den Abraum wegzuschaffen, und kippten ihn an den Rand des Grabungsprofils. Die Elfenbein-Bruchstücke wurden verpackt, wanderten zunächst nach Tübingen und wurden 1956 von Wetzel der Stadt Ulm übereignet.

Auf die Idee, dass die Fragmente zusammenpassen könnten, kam Ende 1969 der Tübinger Urgeschichtler Joachim Hahn (1942–1997). Es gelang ihm, etwa 200 Teile so zusammenzukleben, dass sie einen aufrecht stehenden Körper mit zwei Beinen, einem Arm und dem linken Teil des Hinterhaupts samt Ohr bildeten, den Hahn als Tierkopf deutete. Doch da das Gesicht fehlte, blieb unklar, ob es der Kopf eines Bären oder eines Löwen sein sollte.

Der 40.000 Jahre alte Löwenmensch zeugt von Jenseits-Vorstellungen des frühen modernen Menschen.

Als der Torso 1972 auf einer Fachtagung präsentiert wurde, erinnerte sich ein Schüler Wetzels, im Arbeitszimmer des inzwischen Verstorbenen Fragmente aus dem Hohlenstein-Stadel gefunden zu haben. Die konnten nun der Figur hinzugefügt werden, darunter der rechte Hinterkopf.

Das nächste Teil des Puzzles brachte ein paar Jahre später eine Mutter ins Museum. Ihr Sohn hatte an jener Höhle ein Stückchen Mammut-Elfenbein mit einer Kerbe gefunden. Doch erst 1982 erkannte die Urgeschichtsforscherin Elisabeth Schmid (1912–1994), dass diese Kerbe das Maul war – wodurch sich Schnauze und Gesicht eines Höhlenlöwen herauskristallisierten. Die Figur wurde neu zusammengesetzt. Aber nach wie vor fehlten ganze Partien.

2008 nahm sich ein Grabungsteam des Landesamts für Denkmalpflege den Hohlenstein-Stadel erneut vor. Grabungsleiter Claus-Joachim Kind fand die Situation so vor, wie Wetzels Leute sie hinterlassen hatten. Beim Durchsieben des Abraums traten Hunderte kleiner Bruchstücke zutage: weitere Fragmente des Löwenmenschen. Der wurde daraufhin erneut auseinandergenommen und um die neu entdeckten Teilchen ergänzt. Dadurch wurde er wesentlich kompakter – und um 15 mm größer: Er misst seither stolze 31,1 cm.

# Kelten, Römer, Alamannen

Die ersten Bewohner der Region, die sich einer bestimmten Volksgruppe zuordnen lassen, waren die Kelten. Allein im Landschaftsschutzgebiet Söflingen, Waldstück »Dreierberg«, haben sie 23 Grabhügel hinterlassen. Und 400 m davon entfernt, im »Schanzgrubenhau«, überrascht eine Viereckschanze mit dem noch gut erhaltenen Wall ihrer 119 m langen Westseite. Er erhebt sich bis zu 2 m hoch aus der Sohle des davor verlaufenden 80 cm tiefen Grabens – etwa 2.000 Jahre, nachdem Kelten dieses Erdwerk geschaffen haben.

Lange stritten die Gelehrten darüber, wozu die Kelten ihre imposanten Viereckschanzen gebaut haben. Waren es umfriedete Bauernhöfe? Waren es Wehranlagen? Spirituelle Zentren? Oder alles miteinander und damit in der wesentlichen Funktion vergleichbar den späteren römischen Gutshöfen, wie inzwischen vermutet wird? Tatsache ist jedenfalls, dass eine der größten bislang bekannten keltischen Viereckschanzen von 1996 bis 2001 im Landkreis Neu-Ulm bei Beuren östlich von Pfaffenhofen ausgegraben wurde. Auf ihre Fläche von 2 Hektar hätten gut drei Fußballfelder gepasst. Ungewöhnlich war auch die Bebauung: zwei Häuser mit einer Grundfläche von über 300 m$^2$, ein quadratischer Kultbau von über 230 m$^2$ Fläche, ein weiteres Haus von fast 190 m$^2$ sowie ein Grubenhaus, sieben Speicherbauten und ein Torbau. Das legt den Schluss nahe, dass die über 2.100 Jahre alte Anlage damals von überregionaler Bedeutung gewesen sein muss.

Doch von einer Siedlung im näheren Umkreis fehlt bislang jede Spur, ebenso im Landschaftsschutzgebiet Söflingen. Auch die dortige Viereckschanze stammt aus der späten La-Tène-Zeit. Die 23 Grabhügel hingegen sind wesentlich älter – wenn auch nicht klar ist, wie alt. In Frage kommen die frühkeltische Hallstattzeit zwischen dem 8. und der Mitte des 5. Jhs. v. Chr. oder vielleicht sogar die Bronzezeit zwischen 1500 und 1300 v. Chr. Möglicherweise lag die dazugehörige Siedlung am Fuß

**Wie die Häuser und der quadratische Kultbau (hinten) in der großen keltischen Viereckschanze bei Beuren ausgesehen haben könnten, zeigt ein Modell.**

des Dreierberges im Blautal, wo in keltischen Abfallgruben Scherben und Tierknochen gefunden wurden.

Jenseits der Donau ist die Dichte an hallstattzeitlichen Grabhügeln wesentlich höher: Bis 1994 wurden im Landkreis Neu-Ulm auf rund 40 Friedhöfen etwa 250 Grabhügel gezählt. Die am besten erhaltenen liegen auf den »Riedeln«, wie die waldbewachsenen Anhöhen zwischen den Flusstälern genannt werden. Doch so zahlreich die Gräber und auch die sonstigen Funde aus der Keltenzeit sind: Über die Siedlungsstruktur verraten sie wenig – außer, dass es zahlreiche Siedlungen gegeben haben muss.

## Handel, Verkehr und wandernde Grenzen

Der Umstand, dass im Kies der Iller, keine 10 km von ihrer Mündung entfernt, ein Paket von 13 Eisenbarren entdeckt wurde, lässt darauf schließen, dass die Iller schon im 5. Jh. v. Chr. als Transportweg genutzt wurde – ebenso wie die Donau. An deren Nordufer, etwa 60 km flussaufwärts, liegt die Heuneburg, der hallstattzeitliche Fürstensitz, der aber schon zur mittleren Bronzezeit, im 15. bis 13. Jh. v. Chr., besiedelt war. Und flussabwärts, im Oppidum Manching bei Ingolstadt, lebten in der zweiten Hälfte des 2. Jhs. v. Chr. bis zu 10.000 Kelten. Mit Sicherheit waren diese Siedlungen verbunden durch den Handel, der zu einem wesentlichen Teil auf der Donau erfolgte – zum Beispiel der Transport der schweren Amphoren, die mit Wein gefüllt waren.

Auch auf dem Hochsträß soll schon zur Bronzezeit reger Verkehr geherrscht haben. Die alte Fernstraße auf dem Höhenrücken zwischen Donau- und Blautal erreicht Ulm auf dem Kuhberg, zog die heutige Römerstraße hinab, überquerte bei der Steinernen Brücke die Blau und führte dann auf der Linie Hirschstraße–Neue Straße zum Donauübergang, der damals unterhalb der Insel gelegen haben dürfte. Am anderen Donauufer mag sich der Weg dann danach gerichtet haben, wo das von den ständig wechselnden Illerarmen durchfeuchtete Ried am leichtesten zu passieren war.

Die Römerstraße in der Ulmer Weststadt führt uns tatsächlich auf die Spur der Römer, obwohl sie schon lange vor deren Präsenz existierte. Ihren Namen erhielt sie 1904, weil ein paar Jahre zuvor direkt an ihrem oberen Verlauf eine römische Villa rustica ausgegraben worden war, ein Gutshof aus dem 2. bis 3. Jh. n. Chr. Diese Anwesen, von denen im Ulmer und Neu-Ulmer Raum etwa zwei Dutzend nachgewiesen sind, dienten der Versorgung der römischen Soldaten sowie der Zivilbevölkerung. Die Lage der Villa rustica auf dem Kuhberg entsprach den damaligen Anforderungen an ein solches Anwesen: Die Bodenqualität musste stimmen, es musste frisches Wasser vorhanden sein – und schließlich eine gute Verkehrsanbindung. Die war durch den alten Handelsweg übers Hochsträß garantiert.

Der Umstand, dass diese Gutshöfe meist vereinzelt in der Landschaft standen und keine Vorbilder in Italien hatten, führte zu Überlegungen, dass sie in der Tradition der funktionell vergleichbaren keltischen Viereckschanzen stehen könnten. In jedem Fall aber deutet die isolierte Lage der unbefestigten Villa auf dem Kuhberg – bislang sind keine wesentlichen römischen Siedlungsspuren im Ulmer Stadtgebiet entdeckt worden – darauf hin, dass ihre Bewohner keine Angst vor Überfällen zu haben brauchten.

In der Tat waren die Römer zu diesem Zeitpunkt schon weit über Ulm hinaus nach Norden vorgestoßen. Begonnen hatte ihre Invasion im Jahr 15 v. Chr., zur Zeit des Kaisers Augustus, als sie das Alpenvorland besetzten. Die keltische Bevölkerung scheint keinen nennenswerten Widerstand geleistet zu haben, jedenfalls sind bislang keine Spuren gewaltsamer Auseinandersetzungen gefunden worden. Germanische Stämme, die zuvor, im 2. und 1. Jh. v. Chr., eingefallen waren, hatten die Kelten aus ihren Gebieten rechts des Rheins und nördlich der Donau verdrängt und die *deserta Helvetiorum*, die helvetische Einöde hinterlassen. Dabei lassen neuere Funde nördlich von Ulm den Schluss zu, dass zur Römerzeit doch noch eine keltische Restbevölkerung anwesend war, die ihre Siedlungsmuster und Wirtschaftsweise als »Traditionsträger« an die römerzeitliche Bevölkerung weitergegeben haben dürfte.

Ihre erste Demarkationslinie zogen die Römer Mitte des 1. Jhs. n. Chr. entlang der Donau. Zu den ersten Kastellen an dieser Linie zählten um 30 n. Chr. kleine Anlagen bei Burlafingen und Nersingen im Landkreis Neu-Ulm, von wo aus die Furten über die Donau kontrolliert werden konnten. Der systematische Ausbau dieses ersten »Donau-Limes« folgte kurz danach, um 45/50 n. Chr., mit drei weiteren Kastellen im Westen: Emerkingen, Rißtissen und Unterkirchberg im benachbarten Alb-Donau-Kreis. Verbunden waren diese Kastelle durch die Donau-Südstraße. Noch heute zieht sie in Neu-Ulm unter dem Namen »Eulesweg«, vom Kastellort Unterkirchberg kommend, östlich der Iller bis nach Finningen und dann weiter nach Straß, wo Funde aus der Römerzeit jeweils auf zivile Siedlungen schließen lassen.

In den 80er-Jahren verschoben die Römer die Grenze ihrer neuen Provinz Rätien über die Donau zunächst auf die Schwäbische Alb, wo sie bei Lonsee ein Kastell errichteten.

**DIE VERWANDTEN DER DONAU**
Der Name *Donau* dürfte schon lange vor den Kelten etabliert gewesen sein. Er zeigt eine auffällige Ähnlichkeit mit den Namen der größten Flüsse des Kontinents: Dem anfänglichen *D* folgt entweder unmittelbar oder nach einem Vokal ein *n*: *Donau, Don, Dnjeper, Dnjester*. Auch in Großbritannien gibt es Flüsse namens *Don, Doon, Doone* und *Donwy*. Wie Sprachwissenschaftler herausgefunden haben, besteht in der Tat eine uralte Verwandtschaft zwischen all diesen Namen. Sie wurzeln in der indogermanischen Silbe *da-*, die etwas Flüssiges, Fließendes beschrieb. Sie steckt in der altindischen Vokabel *danu* = Flüssigkeit, Tropfen, in dem altpersischen Wort *danu* = Fluss, Strom und im ossetischen Substantiv *don* = Wasser, Fluss.
Sowohl der russische *Don* als auch die *Donau* stammen von einem indogermanischen *Daneuios* ab, der männlich ist. Hingegen gehen die verwandten Namen der genannten britischen Flüsse auf die weibliche indogermanische Form *Daneuia* zurück. Daraus schließen die Experten, dass der Name vorkeltisch ist. Aus dem *Daneuios* wurde der schon von Caesar sog. *Danuvius*. Weil die Römer im 1. Jh. n. Chr. dazu übergingen, das *v* wie ein *b* zu sprechen, mutierte *Danuvius* zu *Danubius*.
Die *Donau* wurde erst in der deutschen Sprache und aufgrund eines Missverständnisses weiblich, denn als der Flussname seine althochdeutsche Form *Tuonouwe* angenommen hatte, wurde die Endung *-ouwe* als das gleichlautende Wort aufgefasst, das heute *Au* heißt. **Donau** schien somit die *Au* des *Don* zu sein, kurz: die *Don-Au*.

Später, um die Mitte des 2. Jhs., wanderte die Grenze weiter auf den Nordhang des Remstales. Dieser neue »Rätische Limes« schloss etwas westlich von Schwäbisch Gmünd an den »Obergermanischen Limes« an und endete am Donaudurchbruch, der Weltenburger Enge. Von dort an übernahm wieder die Donau die Funktion des »nassen Limes«.

Die friedlichen Zeiten in der Villa rustica auf dem Kuhberg gingen zu Ende, als im Jahr 233 erstmals Germanen den gesamten Obergermanisch-Raetischen Limes überrannten und bis an den Rand der Alpen vordrangen. Ihr Ziel war nicht etwa die Eroberung des römisch besetzten Gebiets, sondern die reiche Beute, die dort lockte. 259/260 stürmten sie den Limes erneut. Rom war bereits geschwächt – nicht nur durch Aufstände in verschiedenen Teilen des Imperiums, sondern vor allem auch durch interne Machtkämpfe. Auch wenn es die Eindringlinge vorübergehend zurückschlug, so verfügte es nicht mehr über die nötigen Grenztruppen, um den Limes zu halten. Rom gab den Süden des heutigen Baden-Württemberg auf und zog sich auf frühere Grenzverläufe zurück, nämlich an die Linie Rhein–Bodensee und an die Donau. Neu war die Verbindung von Bregenz zur Iller, die von da an bis zu ihrer Mündung eine neue Grenze bildete. Die wurde um das Jahr 300 befestigt. Im Zuge einer nachträglichen Grenzverstärkung bauten die Römer um 370 n. Chr. noch im Bereich der Kirche von Finningen einen stattlichen steinernen Wachturm.

Der Donau-Iller-Rhein-Limes, der letzte seiner Art, trennte die Region Ulm/Neu-Ulm ähnlich, wie dies anderthalb Jahrtausende später Napoleons Grenzziehung bewirken sollte: Nördlich der Donau und westlich der Iller konnten sich nun die Alamannen frei ausbreiten. Auf der anderen Seite beider Flüsse patrouillierten die römischen Legionäre noch eine Weile, bis sie zu Beginn des 5. Jhs. allmählich abgezogen wurden. Nun konnten sich die Germanen, die von den Römern seit dem 3. Jh. *Alamanni* genannt wurden, auch in diesem Teil der Region ungehindert ausbreiten.

# Das alamannische Ulm

Wer waren die Alamannen? Die Antwort steckt in ihrem Namen: alle Mannen. Das war kein germanischer Stamm, sondern die Bezeichnung eines »zusammengespülten Haufens«. So hat ein römischer Chronist diesen Namen schon im 3. Jh. erklärt, als er erstmals genannt wurde. Zu einem Volk wuchsen die Alamannen erst im »Dekumatland« zusammen, ihrem neuen Siedlungsgebiet zwischen Rhein und Donau, das die Römer inzwischen verlassen hatten. Sie gehörten verschiedenen, möglicherweise suebischen, Stämmen an, die aus dem Elbe-Saale-Gebiet eingesickert waren.

Zunächst haben sich die Neusiedler in Familienverbänden vorgetastet. Das erklärt die Namen der Orte, die sie gegründet haben. Meist steckt darin der Name eines Häuptlings, etwa Sevilo. Dessen Klan waren die Sevelinge, und der Ort, wo sie sich niederließen, hieß dann (bei den) Sevelingen (heute: Söflingen). Wanderten sie weiter, so wanderte der Ortsname mit. Das heißt, Siedlungen mit der Endung *-ingen* stammen aus der frühesten Besiedlungsphase, als noch alles im Fluss war.

Die Vielzahl der *-ingen*-Ortsteile und Orte in und um Ulm/Neu-Ulm zeigt, dass sich zahlreiche Alamannen-Gruppen hier niedergelassen haben. Begonnen hat diese schleichende Landnahme mit dem Rückzug der Römer. Der erfolgte in der Region jedoch zu unterschiedlichen Zeiten: im heute württembergischen Teil mit dem Ende des 3. Jhs. und hinter dem Donau-Iller-Limes, im heutigen Bayerisch Schwaben, erst Mitte des 5. Jhs.

Für die Entwicklung Ulms spielen die Alamannen die erste maßgebliche Rolle. Allerdings gibt es dazu keinen einzigen schriftlichen Hinweis, so dass allein die Archäologie weiterhelfen kann. Und die gibt seit dem Spätherbst 1857 immer wieder ein Stück von Ulms alamannischer Vergangenheit preis. Damals bereiteten Bauarbeiter der Erweiterung des Bahnhofsgeländes den Boden am Fuße des Kienlesbergs, der Ulms Hausberg, dem Michelsberg, vorgelagert ist. Dabei stießen sie auf Massen von

Skeletten. Bereits um die 160 hatten sie freigelegt, bevor der Ulmer Altertumsexperte Conrad Dietrich Haßler herbeigerufen wurde. Er kontrollierte den weiteren Grabungsverlauf, der noch weitere 156 Bestattungen aus der Alamannenzeit mit zum Teil reichen Beigaben zutage förderte – darunter 19 Brandgräber. Die sind insofern von Bedeutung, als diese Bestattungsart im 4. Jh. üblich war. Damit steht fest, dass die Alamannen sich bereits damals in Ulm niedergelassen hatten. Dort muss es mehrere alamannische Siedlungen gegeben haben, da im Stadtgebiet mehrere Gräbergruppen gefunden wurden. Aber wo war die Siedlung, in der die Toten vom Kienlesberg gelebt hatten?

Diese Frage ist bis heute nicht geklärt. Der Weinhof, ältester Kern der Ulmer Altstadt, kommt nicht in Frage, da zu weit vom Gräberfeld entfernt. Dasselbe gilt für Westerlingen und Pfäfflingen, zwei Siedlungen, die im Bereich der heutigen Altstadt lagen. Vermutungen zielen daher auf den nahen Michelsberg, auf dem frühere Lokalhistoriker einen alamannischen Herrensitz sowie ein vorchristliches Heiligtum vermuteten. Angesichts seiner Dominanz sowie seiner Nähe zum Gräberfeld ist beides denkbar.

Auch sein Name deutet auf »Erhabenheit« hin: Er dürfte ursprünglich *michel Berg* (»großer Berg«) gelautet haben, denn *michel* ist das alte deutsche Wort für »groß«; es steckt unter anderem in Fluss- und Ortsnamen wie Michelbach und Michelstadt. Der Verdacht liegt nahe, dass der *michel Berg* im Zuge der Christianisierung zum Berg des hl. Michael umgedeutet wurde, was für die vielen anderen markanten Michel(s)berge im Land ebenso zutreffen dürfte.

## *Die Kirche* ennet felds

Was Alamannen-Siedlung und -Heiligtum betrifft, ist zumindest für die Kuppe des Bergs keine Antwort mehr möglich, da sie im 19. Jh. großflächig mit der Zitadelle der Bundesfestung, der Wilhelmsburg, bebaut wurde. Klar ist hingegen die Nutzungszeit des Gräberfelds am Kienlesberg: Hier begruben die Alamannen vom 4. bis ins späte 7. Jh. ihre Toten.

Die 1857/58 aus dem alamannischen Gräberfeld am Kienlesberg geborgenen Funde wurden damals sorgfältig abgezeichnet.

Dann aber folgte ein Schnitt, der zwei Ursachen haben könnte. Die erste ist Ulms älteste Kirche. Sie stand *ennet felds*, also »jenseits des Feldes«, nämlich einsam und allein auf weiter Flur dort, wo sich heute der sog. Alte Friedhof befindet. Dessen Name geht zurück auf den Kirchhof, der diese Kirche wohl seit ihrer Gründung umgab. Die soll, der Ulmer Überlieferung zufolge, um das Jahr 600 erfolgt sein. Das ist zwar mangels urkundlicher und archäologischer Spuren nicht zu beweisen, aber durchaus plausibel, denn um diese Zeit muss die Region christianisiert worden sein. Hinweise darauf liefern die jüngsten Gräber des Gräberfeldes am Kienlesberg. Dessen Ende könnte mit den Anfängen der Urkirche zusammenhängen, denn seit deren Gründung wurden zumindest christliche Tote um sie herum beigesetzt. Für ihr Alter spricht auch, dass es eine Frauen- oder Marienkirche war – wie in ihrer Nachfolge das Ulmer Münster. Marien-Patrozinien gelten als sehr alt.

Die andere mögliche Ursache ist, dass die Siedlung, die zum großen Gräberfeld gehörte, möglicherweise auf den Weinhof verlagert wurde. Die ältesten Spuren, die dort bislang gefunden wurden, deuten ebenfalls ins 7. wenn nicht gar 6. Jh. – und auf die Existenz eines steinernen herrschaftlichen Gebäudes.

Möglicherweise waren auf dem Weinhof jene beiden Adeligen zu Hause, die, ebenfalls in der Zeit um 700, in voller Bewaffnung, mit Schwertern und Sporen, in Holzsärgen beigesetzt wurden – aber nicht am Fuße des Kienlesbergs, sondern mitten im heutigen Stadtgebiet auf dem Münsterplatz. Dort haben die Archäologen zwischen 1988 und 1993 einen Friedhof mit 64 Gräbern von der Mitte des 7. bis Ende des 9. Jhs. freigelegt. Er war sauber unterteilt in eine großzügig angelegte Adels-Abteilung und ein dicht belegtes Reihengräberfeld für die einfache Bevölkerung. Die könnte im nahen Westerlingen gelebt haben, das unmittelbar westlich der Weinhofsiedlung jenseits der Blau zu suchen ist.

Auch wenn in diesen Gräbern ebenfalls Alamannen ruhten, spricht man vorsichtigerweise von einem »merowingerzeitlichen« Friedhof, denn die beiden bewaffneten Herren könnten auch Franken gewesen sein. Mit ziemlicher Sicherheit darf man dies annehmen für jene Toten am Kienlesberg, denen ein Wurfbeil des Typs »Franziska« mit ins Grab gelegt wurde, und für jenen Adeligen, der in einer Gräbergruppe in Söflingen mit seinem Ango bestattet wurde, einem Speer mit widerlichem Widerhaken. Beide Waffen waren typisch fränkisch und wurden vorzugsweise in Gräbern fränkischer Adeliger gefunden, wobei der Ango noch ein besonderes Rangabzeichen war.

Die Zeiten hatten sich nämlich geändert. Die Alamannen hatten sich über das Dekumatland hinaus ausgebreitet, was ihren fränkischen Nachbarn nicht gefiel. Es kam zum Krieg, und um 500 besiegten die unter Chlodwig I. geeinten Franken die Alamannen nachhaltig. So geriet Alamannien unter die Herrschaft der fränkischen Merowinger. Die scheinen zunächst scharf mit ihnen ins Gericht gegangen zu sein, weshalb der Ostgotenkönig Theoderich den Besiegten seinen Schutz anbot. Er hatte mittlerweile die Nachfolge der Römer im heutigen Bayerisch Schwaben angetreten, wozu auch das heutige Neu-Ulmer Gebiet gehört. Dort ließen sich nun verstärkt Alamannen von jenseits der Donau und Iller nieder, die vor den Franken flohen. Allerdings traten die Ostgoten diesen Bereich 537 an die Merowinger ab, die sich aber mittlerweile beruhigt hatten.

So waren die Alamannen von Feinden zu Gefolgsleuten der Franken geworden, als diese in Ulm die Grundlagen für die spätere Kaiserpfalz und die ganze weitere Stadtentwicklung legten. Ihr König Dagobert I. könnte es gewesen sein, der im 7. Jh. auf dem Weinhof einen fränkischen Königshof anlegte, um den Donauübergang zu sichern. Denn dort, etwa 200 m östlich der heutigen Herdbrücke, liefen die Fernstraßen vom Hochsträß und der Alb zusammen, die jenseits des Flusses weiterführten nach Augsburg sowie nach Süden in die Alpen. Zwar lag der Weinhof nicht am Donauübergang, aber dennoch in der Nähe, und er war nach zwei Seiten geschützt durch seinen Steilabfall zur Blau und zur Donau.

Die dortige Siedlung scheint ebenfalls um diese Zeit entstanden zu sein, aber ihr Name war uralt: Ulm. Zwar ist er in der Form *Hulma* erst im Jahr 854 urkundlich verbürgt, aber er unterscheidet sich deutlich von den anderen Ortsnamen, deren ältere auf *-ingen* oder *-heim* enden und zu denen in fränkischer

**HINTERGRUND**

**FLURNAMEN ERINNERN AN DIE ALAMANNENZEIT**

Es war eine Riesenüberraschung, als die Arbeiter, die im Spätherbst 1857 am Fuße des Kienlesbergs den Boden für die Erweiterung des Bahngeländes bereiteten, dort einen großen alamannischen Friedhof freilegten. Niemand hatte dort mit einem solchen Fund gerechnet – schließlich begann Ulms geschriebene Geschichte erst knapp zwei Jahrhunderte nach der Aufgabe dieses Friedhofes.

Einen Hinweis gab es allerdings schon, aber der war nicht erkannt und daher nicht beachtet worden: Ulmer Urkunden vom 14. bis ins 16. Jh. nennen den Kienlesberg bei seinem älteren Namen *Leberg*. Das althochdeutsche Wort *le* oder *hle* bedeutete Grab oder Grabhügel. Es steckt auch im Namen des *Hohemichele*, des 56 km Luftlinie entfernten keltischen Fürstengrabhügels im Umfeld der Heuneburg bei Hundersingen. Mit 85 m Durchmesser und einer Höhe von 13,5 m zählt er, wie schon der Name sagt, zu Mitteleuropas größten Grabhügeln: *michel* = groß, *le* = Grabhügel, macht zusammen *michele* = großer Grabhügel.

Länger gehalten als der Name *Leberg* hat sich der Flurname *Lehle*. Dass auch der auf frühe Grabstätten hinweist, zeigte sich im Jahr 2003. Damals wurde bei Aushubarbeiten im Bereich der alten Flur *Lehle* ein alamannisches Gräberfeld entdeckt, nicht so groß zwar wie das am *Leberg*, aber immerhin ein deutlicher Hinweis darauf, dass die Erinnerung daran bis heute im Flurnamen überlebt hat, auch wenn niemand sie mehr versteht.

---

Zeit die *-hausen-* und *-hofen-*Orte hinzukamen, wie sie im »Ulmer Winkel« südlich und östlich von Neu-Ulm häufig sind.

Über den Namen *Ulm* wurde lange gerätselt. Mit dem Baum, der Ulme, kann er nichts zu tun haben. Die plausibelste Erklärung erkennt in *Ulm* einen uralten Gewässernamen, die Bezeichnung für einen Wasserschwall, der entsteht, wenn zwei Fließgewässer aufeinandertreffen. Dies würde auf das Gebiet an der Blaumündung zutreffen, über welcher der Weinhof liegt. Demnach muss diese Stelle schon lange so geheißen haben, bevor ihr Name im 7. Jh. auf die benachbarte Siedlung überging.

Bevor Ulm mit seiner ersten urkundlichen Erwähnung im Jahr 854 in die Geschichte eintritt, hatte es noch schwere politische Verwerfungen gegeben. Der alamannische Adel hatte sich mit den Merowingern verbündet und unter deren Ägide ein Herzogtum aufbauen können. Dadurch wurde er zum Feind der an die Macht strebenden Karolinger, den »Geschäftsführern« der Merowinger. Die zogen mehrfach gegen die Alamannen zu Felde und beendeten deren Herzogtum 746 brutal mit der Liquidierung alamannischer Adeliger im »Blutgericht zu Cannstatt«.

Kurz darauf, 751, stürzten die Karolinger die Merowinger und übernahmen mit deren Königsgut auch Ulm. Einer – allerdings gefälschten – Urkunde aus dem Jahr 813 zufolge hat Karl der Große Ulm dem von ihm geförderten Bodensee-Kloster Reichenau geschenkt, das 724 zur Missionierung der Alamannen gegründet worden war. Tatsache aber ist, dass die mittlerweile zur Pfarrkirche avancierte Urkirche *ennet felds* samt ihrem umfangreichen Zubehör beiderseits der Donau in den Besitz der Reichenau überging – möglicherweise durch eine Schenkung Ludwigs des Deutschen, eines der Enkel Karls.

# Die Pfalz Ulm

Das frühe Ulm dürfte aus allen Nähten geplatzt sein, als Ludwig der Deutsche, König des Ostfrankenreichs, seine Söhne und zahlreiche weitere Fürsten sich im Juli des Jahres 854 zu einem Hoftag auf dem Weinhof versammelten. Da die Großen des Reiches samt ihrem Gefolge zu Fuß und Pferd und Wagen erschienen waren, muss Ulm zu jener Zeit die nötige Infrastruktur besessen haben, um diesen Massenandrang zu bewältigen.

Hoftage waren Versammlungen, zu denen der König oder Kaiser seine Entscheidungsträger zusammenrief. Damals, zur Zeit des »Reisekönigtums«, gab es keine Hauptstadt, weil die Herrscher permanent in ihrem Reich unterwegs waren. Daher veranstalteten sie die Hoftage in ihren Pfalzen. Eine davon war Ulm. Vermutlich war es Ludwig der Deutsche, der den fränkischen Königshof um das Jahr 850 zur Pfalz befördert sowie mit Palais und Pfalzkapelle ausgestattet hatte, um in Alamannien präsent zu sein. Im Gegensatz zum Königshof, einem Verwaltungszentrum, bot eine Pfalz (von lat. *palatium*, Palast) dem König und den Seinen eine adäquate Bleibe.

Ludwig war der Enkel Karls des Großen, der das Frankenreich vergrößert und sich im Jahr 800 vom Papst zum ersten deutsch-römischen Kaiser hatte krönen lassen. Sein Sohn Ludwig der Fromme teilte später das Frankenreich auf und vermachte den Teil östlich des Rheins mit Alamannien und Bayern seinem Sohn Ludwig II., genannt der Deutsche.

Auf dem Hoftag von 854 wurde ein Tagesordnungspunkt behandelt, der mit Ulm rein gar nichts zu tun hatte: ein Streit zwischen dem Kloster St. Gallen und dem Bistum Konstanz. Für Ulm war dieser Streit jedoch insofern von nachhaltiger Bedeutung, als die Schlichtungsurkunde den Schlussvermerk trägt *actum hulmam palatio regio* – gegeben in der Pfalz zu Ulm. Diese Urkunde vom 22. Juli 854 ist die älteste bislang bekannte, in welcher der Name Ulm vermerkt ist.

Damit begann ein steiler Aufstieg. Vier Jahre später, 858, hielt Ludwig einen weiteren Hoftag in Ulm. Dazwischen weilte er 856 ebenfalls in seiner neuen Pfalz. Innerhalb von 59 Jahren stieg Ulm mit zehn Königsbesuchen zum wichtigsten Pfalzort im alamannischen Bereich auf. Der letzte Franke auf dem Königsthron, Konrad I., besuchte ihn 912 gleich zweimal.

Jedenfalls war Ulm hinreichend dimensioniert, um seiner Aufgabe als Pfalzort gerecht zu werden. Die Versorgungszentrale, der »Stadelhof« mit dem Meierhof, lag unterhalb der Pfalz und jenseits der Blau, die seine Mühlen antrieb. Vieh- und Weidewirtschaft wurde am anderen Donauufer betrieben,

»Hulmam palatio regio«, in der königlichen Pfalz Ulm, unterzeichnete König Ludwig der Deutsche am 22. Juli 854 diese Urkunde, in der Ulm erstmals genannt ist.

auf dem »Schwaighof«, wie das alte Wort für die dafür vorgesehenen Ökonomiegebäude lautet. Daraus entwickelte sich der Ort Schwaighofen, der aber nichts mit dem heutigen Neu-Ulmer Stadtteil dieses Namens zu tun hat: Der liegt viel weiter südöstlich. Das alte Schwaighofen befand sich im westlichen Teil des Neu-Ulmer Stadtzentrums zwischen Eck- und Ludwigstraße sowie zwischen Schützen-/Augsburger Straße und Turmstraße. Der Ortskern wird im Bereich des heutigen Neu-Ulmer Postamtes vermutet. Möglicherweise schon zu Zeiten der Pfalz, spätestens aber im 13. Jh. beherbergte der Schwaighof das Gefolge der hohen Besucher, darunter den Grafen Albert von Dillingen in seiner Eigenschaft als königlicher Schutzvogt von Ulm, wenn er dort in Begleitung des Kaisers, Königs oder Herzogs von Schwaben zu tun hatte.

## Im Abseits

Ulms schnellem Aufstieg folgte im 10. Jh. die Stagnation. Nachdem die Sachsen den ostfränkischen Königsthron bestiegen hatten, geriet der Pfalzort ins Abseits. Nur einmal kam ein König aus dem Hause der Ottonen nach Ulm. Es war Otto (»der Große«), der spätere Kaiser, der im Sommer 955 bei Ulm das Heer sammelte, mit dem er auf dem Lechfeld bei Augsburg die Ungarn besiegen sollte.

Warum haben die Sachsen Ulm gemieden, das die Franken so häufig aufgesucht hatten? Das hat zum einen mit den jeweiligen Reiserouten zu tun. Die Franken kamen in der zweiten Hälfte des 9. Jhs. immer wieder nach Ulm, weil sie regelmäßig zwischen ihren Herrschaftszentren Regensburg und Frankfurt pendelten. Ulms Bedeutungsverlust unter den Sachsenkaisern – auch Ottonen genannt – geht einher mit einem Bedeutungszuwachs der Bischofsstadt Augsburg. Das könnte damit zusammenhängen, dass zu jener Zeit der alamannische Donauraum besonders häufig von den Einfällen der Ungarn bedroht war – die waren damals noch ein nomadisierendes asiatisches Reitervolk. Der Augsburger Bischof Ulrich und seine Familie spielten bei deren Abwehr eine wichtige Rolle.

Wenn die Sachsenkaiser jetzt im alamannischen Bereich Halt machten, dann eben in Augsburg und nicht mehr in Ulm. Und wenn die Ottonen von Sachsen aus ihre Feldzüge nach Italien unternahmen, dann zogen sie über Chur und die Bündner Pässe gen Süden oder von Augsburg aus über den Brenner. Aber eben nicht über Ulm.

## Ulm vor tausend Jahren

So viel zu den Bedeutungsschwankungen, die Ulm im 10. Jh. durchgemacht hat. Aber wie muss man sich den Ort vorstellen?

Hier lassen uns die ohnehin kargen schriftlichen Quellen vollends im Stich. Wenn über das damalige Leben und seine Ausdehnung überhaupt eine Aussage möglich ist, dann dank der Archäologie. Das Pfalzgelände entsprach dem Gebiet um den Weinhof. Grabungen in den 1950er-Jahren haben ergeben, dass wohl schon im 9. Jh. an der Stelle des heutigen Schwörhauses eine ältere Pfalzkapelle gestanden hatte. An die schloss sich vermutlich nördlich ein Hof an. Am Nordrand der Weinhof-Anhöhe wird die eigentliche Pfalz, das *palatium*, vermutet.

Als die Archäologen Ende der 1980er-Jahre den Boden des südlichen Münsterplatzes durchwühlten, stießen sie an der Nordwestecke des Pfalzgeländes, auf dem Platz vor dem Neuen Bau, auf einen doppelten Spitzgraben. Der gehörte eindeutig zum Verteidigungssystem der Pfalz. Das eigentlich Überraschende war jedoch, dass auf dem heutigen Münsterplatz, also außerhalb der Pfalz, Holzhäuser nachgewiesen wurden, die um 995 gebaut wurden.

Diese und spätere Grabungen ergaben zudem, dass Ulm bereits um das Jahr 1000 die Ausdehnung der späteren Stauferstadt erreicht hatte. Ein Graben umschloss die Siedlung, die zwei Märkte und ein Straßensystem aufwies – und somit schon am Ende des ersten Jahrtausends die Kriterien des Siedlungstyps Stadt erfüllte. Für eine solch frühe Stadt spricht auch, dass bereits im 11. Jh. *moneta Ulmensis*, Ulmer Geld, geprägt wurde, das offenbar weit verbreitet war.

## Ulm wird wieder wichtig

Was den politischen Stellenwert betraf, trat im 11. Jh. ein erneuter Umschwung ein: Ulm wurde mit dem Ende der Ottonen und dem Machtantritt der Salier zur wichtigsten Pfalz des Königs in Schwaben, was erneut mit einer Verlagerung der geopolitischen Schwerpunkte zusammenhing. Eine der nunmehr frequentierten Strecken führte über Ulm, und so machten die salischen Herrscher in 50 Jahren 14 Mal hier Station.

Der erste von ihnen war Konrad II., seit 1024 König des Ostfrankenreiches. Im März 1027 zum Kaiser des Heiligen Römischen Reiches gewählt, lud er Ende Juli zum ersten Hoftag, den die Salier in Ulm hielten. Auf der Tagesordnung stand ein spektakulärer Fall: der Aufstand Herzog Ernsts von Schwaben.

Herzog von Schwaben? In der Tat: Nachdem mit dem »Blutgericht von Cannstatt« das alte Herzogtum Alamannien liquidiert war, waren nach der Eingliederung Alamanniens ins Frankenreich neue Herzöge als Vertreter des Königs installiert worden, womit ein neues Stammesherzogtum Schwaben entstanden war. Und Ulm entwickelte sich mit Beginn des 10. Jhs. zum bevorzugten Hoftagsort auch der Herzöge. Einer von ihnen, Ernst II., hatte sich gegen seinen Stiefvater König Konrad II. erhoben. Der hielt nun in Ulm Gericht über den Rebellen, was mit dessen Unterwerfung und Absetzung endete.

Konrads Nachfolger auf dem Königs- und Kaiserthron war Heinrich III. Unter ihm erfuhr Ulm eine spirituelle Aufwertung: 1052 brachte Bischof Walter von Verona, ein gebürtiger Schwabe, die Gebeine St. Zenos, des achten Bischofs von Verona, nach Ulm in die Pfalzkapelle, die an der Stelle des heutigen Schwörhauses stand. Auch wenn Zeno zahlreiche Wunder bewirkt haben soll, scheint sich der Pilgeransturm in Grenzen gehalten zu haben. Jedenfalls wurde sein Haupt noch im 11. Jh. nach Radolfzell verlegt. Die restlichen Reliquien blieben in Ulm, wo sie in die Kirche des Deutschen Ordens überführt wurden. Noch um 1500 bezeugt, sind sie später verschwunden.

Die Grafen Hartmann und Otto von Kirchberg stifteten 1093 die Benediktinerabtei Wiblingen.

## Der Gang nach Canossa endet in Ulm

Einen weiteren wesentlichen Bedeutungszuwachs erfuhr Ulm im Investiturstreit, als es zu einem der Zentren dieses berühmten Konfliktes zwischen Kirche und Staat wurde. Dessen spektakulärstes Ereignis, der sprichwörtliche Gang nach Canossa, endete in Ulm damit, dass der König sich selber die Krone wieder aufs Haupt setzte. Doch worum ging es in diesem Streit?

»Investitur« heißt »Einkleidung« und meint die Amtseinführung der Bischöfe und Äbte. Seit dem 9. Jh. hatte es sich eingebürgert, dass die weltlichen Herrscher hohe kirchliche Ämter verliehen – oder verkauften. Diesen unheiligen Handel zu beenden, war eine zentrale Forderung der kirchlichen Reformbewegung jener Zeit. Als einer ihrer Vertreter, der Cluniazensermönch Hildebrand, im April 1074 zum Papst gewählt wurde – er hieß von nun an Gregor VII. –, nahm der Investiturstreit seinen Lauf. Im Februar 1075 verbot er die Einsetzung der Bischöfe durch den weltlichen Herrscher. Der damalige deutsche König Heinrich IV. ignorierte dies jedoch. Als ihm der

Papst mit dem Kirchenbann drohte, erklärte Heinrich ihn für abgesetzt. Der Papst setzte daraufhin den König ab, exkommunizierte ihn und löste seine Untertanen vom Treueid.

Dieser Machtkampf zwischen König und Papst war überlagert von einem weiteren zwischen dem König und den deutschen Fürsten, deren eigener Machtentfaltung er im Wege stand. Die Fürstenopposition nutzte den Konflikt zwischen König und Papst. Sie versammelte sich erstmals im September 1076 in Ulm, um einen weiteren Fürstentag in Tribur zu vereinbaren. Dort stellten sie dem König das Ultimatum, binnen Jahresfrist eine Lösung vom päpstlichen Bann zu erreichen, andernfalls würden sie ihn absetzen. Das war der Grund, warum Heinrich zum Jahreswechsel 1076/77 seinen Bittgang nach Canossa antrat, wo ihm der Papst die Absolution erteilte.

Damit war die Forderung der Fürsten erfüllt, aber sie gaben nicht nach. Noch während Heinrich unterwegs war, trafen sie sich im Februar 1077 ein weiteres Mal in Ulm und beschlossen, einen Gegenkönig zu wählen. In Forchheim setzten sie Heinrich IV. ab und erhoben einen der Führer der Fürstenopposition, Rudolf von Schwaben, zum neuen König.

Doch nun kehrte Heinrich, der seine Handlungsfreiheit wiedergewonnen hatte, von Canossa zurück. Mit seinem Heer zog er im Mai 1077 in Ulm ein. Hier, wo seine Gegner ihre Rebellion angezettelt hatten, hielt er auf einem Hoftag Gericht über sie, enthob die oppositionellen Herzöge ihrer Ämter und verhängte die Acht über sie. In Ulm war es auch, wo er sich bei der Feier des Pfingstfestes erneut die Krone aufsetzte, womit er demonstrativ seinen Anspruch auf den Königstitel reklamierte. Im weiteren Verlauf des Investiturstreits wurde Ulm 1081 Sammelplatz des Heeres, mit dem Heinrich IV. gegen Rom zog, denn der Konflikt zwischen ihm und dem Papst war erneut aufgebrochen.

Doch soll der Investiturstreit, der erst 1122 endete, hier nicht weiter Thema sein. Wichtig für Ulm ist, dass die Reformbewegung, deren Forderungen Ursache des Streits waren, vor den Toren der Stadt ein beeindruckendes Bauwerk hinterlassen hat: das Kloster Wiblingen. Die Benediktinerabtei ist anno 1093 von den Grafen Hartmann und Otto von Kirchberg gestif-

**DER ERSTE TAG IN DER GESCHICHTE ULMS**

*Actum Hulmam palatio regio* – gegeben in der königlichen Pfalz zu Ulm –, so lautet der Vermerk, mit dem die Stadt in die geschriebene Geschichte eintritt. Er steht unter einer Urkunde, die Ludwig der Deutsche, König des Ostfrankenreiches, am 22. Juli 854 während eines Hoftages in seiner darin erstmals erwähnten Pfalz Ulm besiegelt hat. Dieses Dokument, worin Ludwig einen vorläufigen Schlussstrich unter einen langen Streit zwischen dem Kloster St. Gallen und dem Bistum Konstanz zieht, genießt eine Sonderstellung in der Urkundenlehre: Über sein Zustandekommen gibt es einen genauen Bericht. Verfasst hat ihn Ratpert, der Chronist des Klosters St. Gallen, in seinen Klostergeschichten *Casus sancti Galli*, die er nach 890 geschrieben hat. Es ist die früheste und präziseste Beschreibung eines Beurkundungsprozesses im ostfränkischen Reich. Allein schon deswegen ist sie in der Diplomatik einmalig.

Doch auch der geschilderte Vorgang ist vollkommen ungewöhnlich: Der König selber nimmt Einfluss auf das Abfassen einer Urkunde und prüft vor ihrer Ausfertigung genau den Inhalt. Überdies erfährt die Nachwelt von Ratpert, dass auch Ludwigs Söhne, die in den Urkunden nicht erwähnt sind, anwesend waren: *Inzwischen ergab es sich*, so berichtet der Chronist, dass *der allerfrömmste König Ludwig im Beisein seiner Söhne und anderer Fürsten seines Reiches öffentlich seinen Gerichtstag im Königshof hielt, welcher Ulm genannt wird.*

Ausführlich schildert Ratpert die Inhalte der Verhandlung und den Entstehungsprozess der Verträge, da deren Inhalt für sein Kloster sehr wichtig war. Der krönende Abschluss ist die Unterzeichnung und Besiegelung durch König Ludwig: *Und während er so auch diese eigenhändig gezeichnete und mit dem eigenen Ring gesiegelte Urkunde den Mönchen übergab, erlaubte er ihnen, frohgemut heimzukehren.*

Als Siegelring diente Ludwig eine antike Gemme mit dem Profil eines bärtigen Caesarenkopfs, vermutlich des Kaisers Hadrian. Er ist eingefasst von der Umschrift »+XPE [Abkürzung des griechischen Wortes »Christe«] PROTEGE HLVDOICUM REGEM« – »Christus, beschütze König Ludwig«. Der Abdruck davon ziert Ulms »Geburtsurkunde«.

tet worden. Ihnen lag daran, die Kirche zu reformieren und zu stärken. Dazu holten sie Mönche aus dem Reform-Kloster St. Blasien, das im Investiturstreit die Positionen der Kirche gegen die Ansprüche des Kaisers verteidigte.

Zwei Jahre, nachdem König Heinrich IV. auf der Rückkehr von Canossa in Ulm seine Gegner – darunter Herzog Rudolf von Schwaben – aus ihren Ämtern gejagt hatte, ernannte er 1079 in Regensburg seinen Schwiegersohn Friedrich aus dem Hause der Staufer zum neuen Herzog von Schwaben. Das ließ die Fürstenopposition nicht ruhen. Noch im selben Jahr sorgte Bayernherzog Welf dafür, dass Berthold von Rheinfelden, der Sohn des abgesetzten Vorgängers, in Ulm zum Gegenherzog von Schwaben gekürt wurde – gewählt von den Edelmännern und Bürgern Schwabens. In Zusammenhang mit diesem Wahlakt sind die Bürger Ulms erstmals urkundlich erwähnt.

Somit gab es in Schwaben einen Herzog und einen Gegenherzog. Als Friedrich kurz nach der Wahl des Gegenherzogs versuchte, Ulm einzunehmen, wurde er mit Hilfe Welfs von Bayern daran gehindert. Das legt den Schluss nahe, dass die Ulmer es damals eher mit dem Gegenherzog hielten – also mit den Welfen und nicht mit den Staufern.

Als die Fürstenopposition anno 1092 den nächsten Gegenherzog wählte, Berthold von Zähringen, geschah dies erneut in Ulm. Er vereinbarte sechs Jahre später mit den Staufern eine Art territorialer Flurbereinigung. So kam Ulm 1098 in den Herrschaftsbereich der Staufer, wurde wichtigster Stützpunkt der Stauferkönige und blieb sowohl Hauptstadt des Herzogtums Schwaben als auch der staufischen Herzöge von Schwaben.

# Die Staufer

In den 1130er-Jahren brach über Ulm eine Katastrophe herein, wie sie sich – dann allerdings noch schlimmer – erst am 17. Dezember 1944 wiederholen sollte: Die Stadt wurde fast völlig zerstört.

Das Ereignis wird vom »Annalista Saxo«, dem sächsischen Jahrbuch-Schreiber, in kurzen Worten geschildert: *Der Kaiser [Lothar III.] feierte Mariä Himmelfahrt in Würzburg. Danach betrat er mit seinem Heer Schwaben. Der Grund waren Friedrich und dessen Bruder Konrad, die eine Stadt namens Ulm gegen ihn befestigt und die Bürger zum Widerstand aufgestachelt hatten. Aber Heinrich, Herzog von Bayern, kam dem Kaiser zuvor, eroberte die Stadt, plünderte sie und zündete sie an – außer den Kirchen –, nachdem der Herzog und sein Bruder von dort geflohen waren und zwölf von den*

**Mit diesem Siegel versah Ludwig der Deutsche in der Pfalz Ulm die Urkunde von 854.**

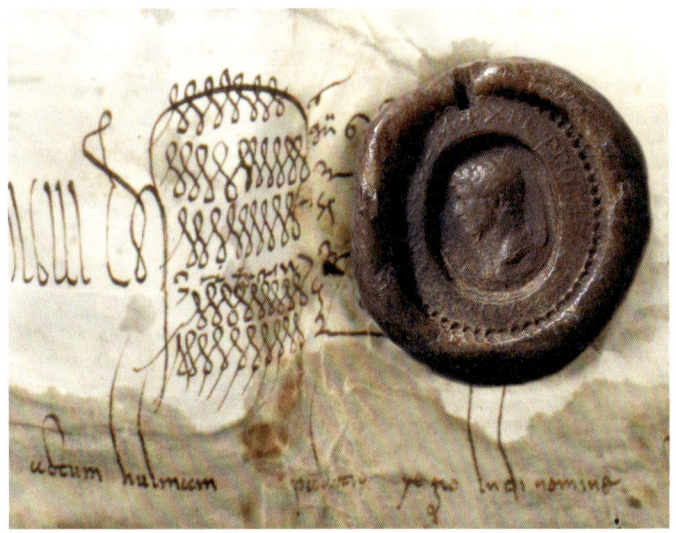

*Hervorragendsten als Gefangene mitgenommen hatten.* Wer war Friedrich? Wer war Konrad? Und warum zündete der Bayern-Herzog Heinrich die Stadt Ulm an?

Der offizielle Name jenes Friedrichs lautet »Friedrich II. von Staufen, Herzog von Schwaben«. Konrad war sein Bruder und sollte später erster Staufer-König werden. Beide waren Söhne Friedrichs I., den Kaiser Heinrich IV. anno 1079 zum Herzog von Schwaben ernannt hatte. Nach Friedrichs Tod im Jahr 1105 erbte der ältere Sohn den Titel und war fortan Friedrich II. Für ihn hatte Heinrich V., der letzte Salier-Kaiser, eine glänzende Karriere vorgesehen: Bevor er 1125 die Augen schloss, hatte er den Staufer Friedrich II. zu seinem Nachfolger bestimmt. Doch das scherte die oppositionellen Fürsten nicht, als der Erbfall eintrat – statt Friedrich wählten sie den Sachsen Lothar von Supplinburg zum König »Lothar III.«

Damit waren die Staufer wieder in die Opposition gerückt. 1127 wählten ihre Anhänger Konrad zum Gegenkönig. Und Ulm, mittlerweile Hauptstützpunkt der Staufer, befand sich damit in der Hand der Opposition, als der Krieg um das Erbe der Salier ausbrach. Die Welfen ergriffen die Partei Lothars und begannen einen Krieg gegen die Staufer um die von denen beanspruchten Gebiete. Dabei spielten der Donauraum und Ulm eine Schlüsselrolle.

Die ersten schmerzhaften Schläge verspürte Ulm im Jahr 1131/32. Lothars Schwiegersohn, der Bayernherzog Heinrich der Stolze von der Welfen-Partei, vernichtete die außerhalb der Stadtbefestigung gelegenen Gebiete, Vorstädte und Dörfer. Die Staufer scheinen sich nun bemüht zu haben, die Stadt zu befestigen und ihre Bürger zum Widerstand zu ermuntern, wenn wir obigem Zitat des »Annalista Saxo« glauben dürfen. Doch bei seinem nächsten Angriff im Jahr 1134 konnte der Bayernherzog die in Ulm verschanzten Staufer zum Aufgeben zwingen. Sie zogen ab, nahmen aber zwölf angesehene Bürger mit als Geiseln. Trauten die Staufer den Ulmern nicht? Schließlich hatten die ja fünf Jahrzehnte zuvor dem Kandidaten der Welfen mit zur Herzogswürde verholfen.

Wie dem auch sei: Ulm wurde weitgehend zerstört. Noch heute stoßen Archäologen in den unterschiedlichsten Teilen

**Die Zerstörung Ulms im Jahr 1134 zeigt dieses Bild aus späterer Zeit.**

der Altstadt auf die verkohlten Spuren der Vernichtung, die von damals übriggeblieben sind.

## Eine völlig neue Stadt

Der Sieger, Lothar, erlangte 1134 auch noch die Kaiserwürde. Im folgenden Jahr unterwarfen sich ihm die beiden Staufer-Brüder und standen damit wieder in seiner Huld. Als Lothar drei Jahre später starb, setzte sich bei der Wahl des Nachfolgers sein einstiger Gegner, der Staufer Konrad, gegen Heinrich den Stolzen durch. Als Konrad III. bestieg er als erster Staufer den Thron des römisch-deutschen Königs.

*Als er nun König geworden war,* so berichtet der Dominikanerfrater Felix Fabri in seiner 1488/89 verfassten Ulmer Chronik, empfand er Mitleid mit den Ulmern, die um seinetwillen zugrunde gerichtet worden waren, und befahl, ihre Stadt wieder zu errichten; dazu gab er zahlreiche Privilegien und schickte ihnen viele Bauleute zu Hilfe. Mit ihnen kamen außerdem viele Adlige zu den Bauarbeiten, viele Bürger anderer Städte strömten zusammen, und eine große Menschenmenge versammelte sich, um das zerstörte Ulm zu erneuern. Als die Ulmer die Menschenmenge, deren Zuneigung und große Hilfsbereitschaft sahen, fassten sie Mut und beschlossen, nicht die frühere schwache und kleine Festung, sondern eine völlig neue Stadt zu erbauen.

Angesichts der archäologischen Erkenntnisse der letzten drei Jahrzehnte kann man Fabris Bericht so deuten, dass Konrad III. um 1140 nicht nur die zerstörte Pfalz wieder aufbauen ließ, sondern dass er zusammen mit den Ulmern die Stadt, die um die Pfalz herum gewachsen und nur durch Gräben geschützt war, neu errichten ließ, und zwar, anders als zuvor, aus Stein, mit einer regelrechten Befestigung, die außer Gräben auch eine Mauer und starke Türme aufwies, und mit einer auf das Sechsfache erweiterten Fläche der Pfalz. Reste dieser Mauer im Osten der Altstadt beweisen, dass sie aus den Buckelquadern errichtet war, die typisch sind für die Staufer, vor allem unter Konrad III. Am Fuße des Weinhofbergs, in der Schwörhausgasse, steht noch die aus Buckelquadern errichtete »Staufenmauer«, die allerdings in der Zeit Kaiser Friedrichs II. um 1200 zur Befestigung der Burg auf dem Weinhof errichtet worden sein soll.

Insofern ist fraglich, ob Konrad die Vollendung des Wiederaufbaus und der neuen Stauferstadt noch miterlebt hat. Jedenfalls dürfte zumindest die Pfalz spätestens 1152 wieder funktionsfähig gewesen sein, als nach Konrads Tod sein soeben zum König avancierter Neffe Friedrich I., genannt »Barbarossa«, dort Hoftag hielt – seinen ersten in Ulm. Es folgten mindestens sechs weitere. Sein Enkel Friedrich II. kam von 1214 bis 1220 sogar alljährlich in die bevorzugte Pfalz der staufischen Könige. Dessen Sohn, König Heinrich VII., war zehnmal in Ulm, und auch Friedrichs Enkel Konradin hielt dort 1262, im Alter von zehn Jahren, als Herzog von Schwaben Hoftag. Als er sechs Jahre später in Neapel enthauptet wurde, endeten die Ära der Staufer und die der Hoftage in der Ulmer Pfalz.

## Ulm vor 800 Jahren

Von der Gestalt der Stauferstadt Ulm gibt es mittlerweile ziemlich deutliche Vorstellungen. Sie war von einer Mauer umgeben, die auf einem kleinen Wall gestanden haben muss, weswegen sie archäologisch nur an wenigen Stellen nachweisbar ist. Doch der Chronist Felix Fabri hat die Häuser detailliert aufgelistet, in denen zu seiner Zeit, kurz vor 1500, noch Reste dieser Mauer sichtbar waren. Der davorliegende Graben verlief im Norden auf der Linie Hafengasse–Nördlicher Münsterplatz, beschrieb die Kurve, die dem heutigen nordwestlichen Platzrand entspricht, nach Süden, wo er auf die Blau zulief. Im Osten verlief der Graben entlang der Grünhofgasse hinab zur Donau. Dort schütze der Diebsturm – so genannt wegen seiner späteren Verwendung als Kerker – das Tor, durch das der Weg zum Donauübergang führte, einer Brücke, die bereits 1174 erwähnt ist und etwa 200 m östlich der heutigen über die Donau führte.

Am nördlichen Ende der östlichen Stadtmauer stand ein weiteres Tor. Ob sich dazwischen noch ein Osttor befand, wie die ältere Stadtgeschichtsforschung annimmt, bleibt fraglich. Vermutet wird es auf Höhe der Neuen Straße, als Pendent zum westlichen Löwentor, das auf dem südlichen Münsterplatz zwischen Stadthaus und Neuem Bau nachgewiesen ist und dessen namengebende steinerne Löwen im Untergeschoss des Stadthauses ihre Wächterfunktion erfüllen. Ein kleines »Tränktörlein« in Verlängerung der Staufenmauer am Fuß des Weinhofberges erlaubte das Hinausführen der Pferde zum Tränken an der Blau, die außerhalb der Stauferstadt floss.

Die Befestigung muss so stabil gewesen sein, dass sie 1246 die Belagerung des Heinrich Raspe und seiner Truppen überstand. Der war im anhaltenden Konflikt zwischen Kaiser und Papst in jenem Jahr von geistlichen Fürsten zum Gegenkönig gewählt worden und zog nun gegen die Staufer zu Felde, deren Haus der König angehörte. In der Schlacht bei Frankfurt siegte er, aber an der Festung Ulm war er gescheitert.

Im Südwesten dieser Befestigung lag das Pfalzareal mit einer mittlerweile vergrößerten Pfalzkapelle, an welche um die Mitte des 12. Jhs. der höchste Turm der Stadt gebaut wurde, der Luginsland. An Sakralbauten befanden sich damals bereits mindestens 11 Kirchen, 31 Kapellen, 14 Klöster und 12 Klosterhöfe in oder unmittelbar um Ulm. Geistlicher Mittelpunkt der Umgebung aber war die Pfarrkirche *ennet felds* (über dem Feld), die außerhalb der Stadt auf dem heutigen Alten Friedhof gelegene Frauen- oder Marienkirche.

Die erste klösterliche Gemeinschaft, die nach Ulm kam, war 1183 die der Augustiner-Chorherren, die auf dem Michelsberg ein Pilger-Spital betreiben sollte. Das wurde kurz darauf, 1215, auf die Blauinsel westlich der Stadt verlegt und 1399 in die Stadt – das Wengenstift. Die Deutschherren ließen sich 1216/21 unmittelbar westlich der Stadt, in der heutigen Bahnhofstraße, nieder. 1229 bauten die Franziskaner auf dem heutigen Münsterplatz ihr »Barfüßer-Kloster« innerhalb der Stadtmauer an dieselbe und das benachbarte Löwentor.

Unweit davon siedelte sich um diese Zeit auch eine klosterähnliche Frauengemeinschaft an, die Sammlungsschwestern. Östlich der Stadt ließ sich um 1237 eine Beginengemeinschaft nieder, die allerdings schon 1258 nach Söflingen umzog und als Klarissen ein strenges Ordensleben führte. Und 1287 erbauten die Dominikaner oder Prediger ihren Konvent unmittelbar südöstlich des Stadtgrabens. Am anderen Ende ihres Anwesens befand sich seit spätestens 1240 der (!) Spital für die Armen und Kranken. Von der 1093 vor den Toren Ulms gegründeten Benediktinerabtei Wiblingen war bereits die Rede.

Nicht mit Klöstern zu verwechseln sind die Klosterhöfe, auch Pfleghöfe genannt. Das waren die Stützpunkte auswärtiger Klöster in den Städten, die der Verwaltung klösterlichen Besitzes und Einkommens in der Umgebung dienten. Davon gab es auch in Ulm zahlreiche. Zur ältesten noch in Ulm vorhandenen Bausubstanz gehört der Keller des Bebenhäuser Pfleghofs. Er befindet sich unter der Valentinskapelle hinter dem Münster und übertrifft diese an Fläche bei weitem. Eine ganze Ansammlung von Pfleghöfen stand am Grünen Hof, wo heute noch der Ochsenhäuser Hof und ganz in der Nähe der Salemer oder Salmannsweiler Hof überlebt haben.

Dort befindet sich auch der Komplex Steinhaus/Nikolauskapelle, der ebenfalls zur ältesten Ulmer Bausubstanz gehört.

Das um 1200 erbaute Steinhaus gehört zur ältesten erhaltenen Ulmer Bausubstanz. Die Rekonstruktionszeichnung zeigt die ursprüngliche Dimension.

Der Mann, der ihn um das Jahr 1200 hat errichten lassen, gehörte zur staufischen Machtelite. Er hieß Marquard und war der oberste Notar der Könige und Kaiser zur Zeit Friedrichs II.

Nordwestlich des Grünen Hofs liegt der Judenhof, der an den staufischen Stadtgraben grenzt und sich schon zur Stauferzeit dort befunden haben muss. Der älteste Nachweis für eine Ulmer Judengemeinde stammt aus dem Jahr 1241, aber sie dürfte schon früher hier ansässig gewesen sein. Der einst im Münster verbaute Grabstein für Bellet, die Tochter des Rabbiners Salomo, teilt ihr Todesjahr 1243 mit.

Ulms heutige Neue Mitte war schon zur Stauferzeit das Zentrum. Wie die Ausgrabungen 2001 bis 2004 gezeigt haben, standen dort stattliche Steinhäuser und Wohntürme. Die Straßen waren gepflastert, auch die Hauptverkehrsstraße. Vom Hochsträß kommend, führte sie die heutige Hirschstraße entlang durch das Löwentor und dann im Zuge der Neuen Straße zu dem Punkt, wo sie sich teilte. Die eine Straße zog durchs Leonhardstor nach Norden, die andere führte nach Süden zum Donauübergang.

Dort lag auch die »Anlände«, der Hafen, von dem aus der Fernhandel auf der Donau betrieben wurde. Im 12. Jh. reichte

**DER KNOCHEN-KELLER**

Eines der ältesten erhaltenen Bauwerke Ulms befindet sich unter dem Boden des südöstlichen Münsterplatzes. Es ist der Keller des Bebenhäuser Klosterhofs, der 1292 errichtet wurde, als die Stadt noch von der staufischen Befestigung umgeben war. Damals dachte noch niemand an den Bau des Münsters, dem der Bebenhäuser Pfleghof 1390 weichen musste. Sieben Jahrzehnte später ließ der Patrizier Heinrich Rembold über diesem Keller die Valentinskapelle errichten als Grablege für seine Familie. Dazu diente eines der unterirdischen Gewölbe, die weit über die kleine Kapelle hinausreichen.

Ursprünglich waren dort riesige Mengen Weines gelagert, wie der Chronist Felix Fabri in seiner 1488 verfassten Stadtbeschreibung berichtet. Damit trieben die Zisterzienser von Bebenhausen bei Tübingen Handel, ohne dass die Stadt etwas davon hatte. Denn die Mönche führten den Wein steuerfrei ein, was dazu führte, dass alle ihren Wein dort kauften, auch die Wirte, bis die Stadt den Weinhandel in ihre Hände übernahm.

Nachdem sie das Münster gebaut und mit einem Friedhof umgeben hatte, führte sie den Keller einer neuen Nutzung als Beinhaus oder Karner zu. Von da an wurden die Gebeine aus den geräumten Gräbern dort unten gelagert, bis der Friedhof 1526 aus der Innenstadt verschwinden musste. Die dort verwahrten Knochen kamen 1964 kurzzeitig wieder ans Tageslicht, als das im Zweiten Weltkrieg zerstörte Nachbargebäude neu errichtet und dabei das südliche Gewölbe des Kellers geöffnet wurde.

Der hatte weiterhin als Lebensmittellager gedient: Von 1512 bis 1689, als die Stadt noch eine eigene Bierbrauerei hatte, war dort das braune Bier aufbewahrt worden. Während des Dreißigjährigen Krieges und auch schon zuvor benutzte der Rat den Keller als Schmalzmagazin, weshalb die darüber befindliche, inzwischen profanierte Kapelle »Schmalzhäusle« genannt wurde. Anfang des 19. Jhs. kaufte ein Bierbrauer den Keller. Vor dem Zweiten Weltkrieg diente er erneut als Weinkeller, und im Krieg suchte die Nachbarschaft dort Schutz vor den Bomben der Alliierten.

Seit 2010 führt eine Stahltreppe hinab und bewahrt die Besucher davor, sich auf der steilen, abgenutzten Originaltreppe das Genick zu brechen.

Bei Bauarbeiten wurde 1964 der Keller des 1292 errichteten Bebenhäuser Klosterhofs geöffnet, der dem Münsterkirchhof als Beinhaus diente.

er nachweislich mindestens bis ins österreichische Enns östlich von Linz. Der Fernhandel, der sich auf den Straßen abspielte, führte Ulmer Kaufleute bereits in der Mitte des 13. Jhs. bis nach Oberitalien und Frankreich. Exportschlager war die Leinwand, welche von den Webern in Ulm und im Umland produziert wurde.

Jenseits der Donau, in Schwaighofen, dürfte bereits damals die Johannes-Kirche oder -Kapelle gestanden haben, die 1395 neu gebaut wurde. Rechts der Donau, möglicherweise auf den Wiesen westlich von Schwaighofen, mag auch der Sammelplatz für die königlichen Heere gewesen sein, so 955 vor der Schlacht auf dem Lechfeld, 1081 vor Heinrichs IV. Zug gegen Rom und 1158, als Friedrich I. Barbarossa gegen Mailand zog.

Ein ziemlich klares Bild gibt es auch vom Gemeinwesen Ulm zur Stauferzeit. Ein Vertrag aus dem Jahr 1255 nennt den Reichsvogt als örtlichen Stellvertreter des Königs, den Ammann (*minister*), der oberster Beamter der Stadt war und dem Gericht vorstand, die Mitglieder eines Rates *(consules)* sowie die Bürgergemeinde *(universitas civium)*. 1292 ist schließlich noch ein *capitaneus* genannt, der Vorläufer des Bürgermeisters.

Schon 1181 wird Ulm als »Stadt« *(civitas)* bezeichnet, obwohl eine offizielle Erhebung nirgends überliefert ist. Vermutlich begann die Entwicklung Ulms zur Stadt auch im rechtlichen Sinne bereits im 11. Jh. und war in der frühen Stauferzeit vollendet. Dem Mangel einer schriftlichen Bestätigung half Rudolf von Habsburg, der erste nachstaufische König, ab. Er verlieh Ulm 1274 das Esslinger Stadtrecht und bestätigte die Freiheiten der Bürger. Fest steht aber, dass Ulm sich bis zu diesem Zeitpunkt zu einer Republik gemausert hatte mit einer Bürgerschaft und einer Stadtregierung, die keinem weltlichen oder geistigen Landesherrn unterstellt war, sondern unmittelbar dem Oberhaupt des Reiches: dem König oder Kaiser.

# Das Jahrhundert der Großprojekte

*Als man zählt 1311 Jahr uff Sanct Bonefacius Tag, sindt die Zunfftmaister hie zu Ulme alle uff dem Hoff erschlagen worden von etlichen, die sie berueffen ein nach dem andern zu einem Lastertürlein hinauss, und erstachen sie alle heimlich vor den Zünfften.* So berichtet die älteste erhaltene Ulmer Chronik. Tatort des Gemetzels war der »Hof«, wie der Weinhof in Erinnerung an die Königspfalz jahrhundertelang genannt wurde. Abgesehen von der nicht zu klärenden Frage, was ein *Lastertürlein* ist, lautet die wichtigere: Was war der Grund für dieses Massaker an den Zunftmeistern?

Diese Mord-Mär hat die Ulmer lange beschäftigt. Sie zieht sich durch fast alle Chroniken; in den späteren trieft immer noch mehr Blut aus der Geschichte. In einer Version aus dem späten 18. Jh. reicht sein Pegel gar bis zu den Knöcheln und färbt die am Weinhofberg vorbeifließende Blau rot. Doch was ist dran an dieser Sage?

Sie erinnert an die tatsächlich blutig verlaufenen Machtkämpfe zwischen den Zünften und dem Patriziat, die im 14. Jh. Ulm erschütterten. Die Zünfte waren der wesentliche Wirtschaftsfaktor – man denke an die schon erwähnten Fernhändler und Weber. Daher forderten sie, wie auch in anderen Städten, ihren Anteil an der Macht im Gemeinwesen. Aktenkundig sind die Zünfte in Ulm zwar erst seit 1292. Doch ist anzunehmen, dass sie damals bereits gut organisiert waren und sich Zunftordnungen gegeben hatten. Ihre ursprüngliche Aufgabe war militärischer Art: Sie hatten die Mauern der Stadt zu verteidigen. Als Zusammenschlüsse der einzelnen Gewerke dürften sie jedoch von Anfang an eine wirtschaftliche und gewerbepolitische Rolle gespielt haben.

Das Sagen hatten in der Stadt zunächst die »Geschlechter«, das Patriziat. Das war der Stadt-Adel, der den Rat dominierte und den Bürgermeister stellte. Das konnte den Zünften spätestens an der Wende vom 13. zum 14. Jh. nicht mehr passen, als Ulm infolge ihrer Leistung wirtschaftlich erblüht war. Bereits in der Stauferzeit war der örtliche Fernhandel in Konkurrenz zu den bedeutendsten Städten Deutschlands getreten, und die Triebkräfte dieses wirtschaftlichen Motors waren die Kaufleute und Textil-Produzenten – Zunftgenossen also. Logische Folge war, dass die Zünfte ihren Platz im städtischen Machtgefüge und somit im Rat forderten – gegen den Widerstand des Patriziats. Es kam zu nicht näher beschriebenen Aufständen und blutigen Konflikten.

Als das Reich wieder einmal unter einem Streit um die Nachfolge auf dem Königsthron litt, überlagerte diese Kontroverse den innerstädtischen Machtkampf. Die Patrizier bevorzugten den habsburgischen Kandidaten; die Zünfte hatten sich mit den Bayern verbündet und standen hinter deren Favoriten. Das war Ludwig IV., genannt der Bayer, der 1316 die Stadt überfiel, angeblich durch Verrat der Zunft-Partei, jedoch erfolglos.

Nachdem die Bayern 1322 in der Schlacht von Mühldorf am Inn die Habsburger besiegt hatten, übernahmen in Ulm die Zünfte die führende Rolle. Die neue Machtkonstellation erhellt aus der Reihenfolge der Beteiligten in einer Urkunde aus dem Jahr 1328. Darin erscheint das 1292 erstmals erwähnte Amt des Bürgermeisters vor dem des Ammanns. Es folgt »die Zunft«, die noch vor dem Rat und der Bürgergemeinde genannt ist. Bis dahin hatte der Ammann als örtlicher Vertreter des Königs an der Spitze der Stadt gestanden. Nun war erstmals ein Bürgermeister Stadtoberhaupt, so dass es keine weiteren Instanzen mehr zwischen der Ulmer Stadtregierung und dem Herrscher des Reiches gab – ein weiterer wichtiger Schritt auf dem Weg der Emanzipation Ulms.

### Der Kleine und der Große Schwörbrief

Dass in der Urkunde von 1328 »die Zunft« Vorrang vor dem Rat hat, lässt den Schluss zu, dass zu jener Zeit in Ulm eine Verfassung galt, die den Zünften die Vorherrschaft einräumte. Dieser Machtwechsel war das Ergebnis blutiger Auseinandersetzungen. Das beweisen verschiedene Dokumente, die Hinweise auf *misshellung* und *chrieg* bis hin zu *totslegen under ein ander* enthalten.

Ein erneuter Machtwechsel bahnte sich an, als Ludwig der Bayer, seit 1328 Kaiser, Ulm im Februar 1331 um 10 000 Pfund Heller an einen Vertrauten verpfändete. Als er ihm noch weitere Vollmachten überließ, die diesen praktisch zum Herrscher über die Stadt machten, gingen die Ulmer auf die Barrikaden – und mit ihnen wohl auch Ludwigs einstige Verbündete, die Zünfte. Die Vergeltung folgte prompt, nachdem der Aufstand niedergeschlagen war. Im harten Unterwerfungs-Diktat wurde die Zunftverfassung aufgehoben.

Doch als zu Beginn der 40er-Jahre der alte Streit zwischen Zünften und Patriziern erneut aufbrach, gewannen die Zünfte wieder die Oberhand. Das ist dem »Sühnebrief« zu entnehmen, den die feindlichen Parteien am 31. Juli 1345 unterzeichneten, einen Friedensvertrag mit einer Reihe von Bestimmungen, die einzuhalten sich die Unterzeichner verpflichteten. Diesem Vertrag folgte unmittelbar die erste erhaltene Ulmer Zunftverfassung, der »Kleine Schwörbrief« von 1345. Er sicherte den Zünften mit 17 Stimmen die Mehrheit im Rat, dem 15 Patrizier angehörten, den Bürgermeister mitgerechnet. Der stammte weiterhin unangefochten aus dem Patriziat.

Doch damit war der Machtkampf keineswegs beendet. Ein halbes Jahrhundert später kam es wieder zu heftigen Unruhen, die 1396 mit einem weiteren Sühnebrief beigelegt wurden. Diesmal muss der Sieg der Zünfte sehr deutlich gewesen sein, gemessen an dem Machtzuwachs, den sie 1397 in der neuen Zunftverfassung, dem »Großen Schwörbrief« durchsetzen konnten. Von da an belief sich ihre Mehrheit auf 47 zu 25 Sitzen.

## Ulm boomt und baut ein Münster

Während all dieser Konflikte boomte die Ulmer Wirtschaft. Seit die Baumwolle aus dem Vorderen Orient über Venedig und Zypern nach Ulm gelangte, wurde dort außer der konventionellen Leinwand auch Barchent produziert, ein Mischgewebe aus Leinwand und Baumwolle. Der Ulmer Barchent war von so hoher Qualität, dass die Ballen, sofern sie das städtische

Gütesiegel trugen, in ungeöffnetem Zustand wie bares Geld als Zahlungsmittel dienen konnten.

Welche Wirtschaftskraft Ulm damals besaß, kann nichts besser dokumentieren als das Münster. Es war die Bürgerschaft, die am 30. Juni 1377 den Grundstein zu diesem Mega-Projekt legte und es in vollem Umfang finanzierte. Deswegen ist es bis heute eine Bürgerkirche – die größte ihrer Art. Ihre Dimension war so großzügig berechnet, dass sie auf 5.100 m² etwa 20.000 Menschen fasst – mehr als das Doppelte der damaligen Einwohnerschaft.

Noch bevor die Ulmer mit dem Bau des Münsters loslegten, hatten sie außerhalb der Stadt, im heutigen Alten Friedhof, an der Stelle ihrer alten Pfarrkirche, spätestens um 1337 eine neue zu bauen begonnen. Sie müssen damit schon weit fortgeschritten sein, als sie beschlossen, die Pfarrkirche, die außerhalb der Stadtmauern lag, in die Mitte der Stadt hineinzuverlegen. Also zerlegten sie, was sie bis dahin aufgebaut hatten, und transportierten die Teile zur neuen Baustelle: Außer dem südwestlichen stammen alle Seitenportale des Münsters von dem Vorgängerbau im Alten Friedhof.

Als wesentlicher Grund für diesen Ortswechsel werden stets Sicherheitsgründe genannt. Ulm sah sich in jener Zeit mehrfach in kriegerische Auseinandersetzungen verwickelt, und ein so mächtiges Bauwerk außerhalb der Stadt wie die im Bau befindliche Pfarrkirche konnte angreifenden Feinden Deckung bieten. So hatte im Jahr vor der Grundsteinlegung zum Münster selbst der Kaiser des Heiligen Römischen Reiches, Karl IV., Ulm belagert, wovon noch die Rede sein wird. In solchen Krisensituationen war der Besuch der außerhalb gelegenen Pfarrkirche nicht möglich. Aber deswegen brach kein geistlicher Notstand aus, denn in der Stadt gab es ja zahlreiche andere Kirchen, Klöster und Kapellen zur seelsorgerischen Betreuung der Bevölkerung, vom Gottesdienst bis hin zur Bestattung. So wurden bei den Ausgrabungen auf dem Münsterplatz von 1988 bis 1993 rund 500 Gräber des einstigen Barfüßer-Friedhofs freigelegt.

Das aber bedeutet, dass die Klöster mit ihren christlichen Dienstleistungen ein Problem für die Pfarrkirche waren, da sie

Grundsteinlegung zum Münster. – Miniatur des 17. Jhs.

ihr die Spender und Stifter abspenstig machten. Dieser Konkurrenzkampf war einer der ausschlaggebenden Punkte für die Verlegung der Pfarrkirche. Die war seit 1327 dem Kloster Reichenau inkorporiert, was den Ulmern auch nicht besonders schmeckte. Also stand die Loslösung als nächstes auf der Tagesordnung: 1383 konnte die Stadt von der Reichenau wesentliche Rechte an der Pfarrkirche erwerben. 1446 kaufte Ulm dem Kloster vollends das Patronat ab und erlangte damit die volle Verfügungsgewalt über das Münster.

## Die Erweiterung von Stadt und Territorium

Die Stadt, in deren Mitte die Ulmer ihre neue Pfarrkirche setzten, war nicht mehr dieselbe wie noch zu Beginn des 14. Jhs. Es mag der – wenn auch missglückte – Überfall Ludwigs des Bayern gewesen sein, der die Ulmer damals bewogen hat, ihre Stadt mit einem Mauerring zu befestigen, der das Vierfache der bisherigen Fläche umschloss. Sie gingen dabei buchstäblich bis an die Grenzen des Möglichen, denn jenseits des neuen Stadtgrabens, den sie im Norden zogen, beginnt der »Boden«. Das ist das Gebiet, wo die Blau jene 3 bis 6 m mächtigen Kalktuffsande hinterlassen hat, die nicht in der Lage sind, schwere Bauwerke zu tragen, falls man sie nicht auf 10 m tiefe Pfähle stellt.

Die Ulmer vergrößerten ihre Stadt damals so großzügig, dass der neue Festungsgürtel erst in der Mitte des 19. Jhs. zu eng wurde. Das drängt zur Frage: Konnten sie diese Riesenfläche überhaupt mit Einwohnern füllen, die ja im Angriffsfall den Mauerring verteidigen mussten? Die Antwort lautet: Ja, und zwar mit den Bewohnern der umliegenden Dörfer. In seiner 1488 verfassten Stadtbeschreibung berichtet Felix Fabri: *Auch wurde das ganze Dorf Schwaighofen umgesiedelt, so dass kein Haus und kein Mensch mehr draußen blieb. [...] Auch die Bewohner der Dörfer Offenhausen, Pfuhl und anderer kleiner Orte rissen ihre Häuschen ab, brachten sie nach Ulm und bauten sie dort wieder auf.* Angesichts der damaligen Fachwerk-Bauweise, bei der die Balken zunächst auf einem Abbundplatz maßgeschneidert wurden, bevor man sie auf dem Bauplatz zusammensteckte, war das in der Tat kein großes Problem. Außerdem zogen laut Fabri *täglich* viele Vornehme und Reiche zu, denen man einen angemessenen Grundbesitz unterstellen darf.

Sie trugen ebenso wie eine planmäßige städtische Expansionspolitik dazu bei, dass das Ulmer Territorium im 14. Jh. gewaltig anwuchs. Hatte es im 13. Jh. noch im Wesentlichen aus Grundbesitz von Ulmer Bürgern, dem Spital und geistlichen Institutionen bestanden, so erwarb der Magistrat im letzten Viertel des 14. Jhs. benachbarte Gebiete, deren Besitzer wegen hoher Schulden zum Verkauf gezwungen waren: Laut Fabri hat ein Graf von Werdenberg seine Grafschaft angeblich für Lebkuchen verprasst.

Ob das stimmt oder nicht: Ulm besaß von da an die Herrschaft Helfenstein mit dem oberen Filstal und der Stadt Geislingen sowie Schloss Helfenstein. Nach dem Erwerb der Grafschaft Albeck sowie der Stadt Leipheim am rechten Donauufer im Jahr 1453 gehörte das Ulmer Territorium zu den größten reichsstädtischen Herrschaftsgebieten im alten Reich und wurde nur noch von Nürnberg übertroffen.

Beim Erwerb der Stadt und Herrschaft Albeck sowie zuvor schon der Stadt Langenau spielte der jüdische Bankier Jäcklin, der auf dem Judenhof wohnte, eine maßgebliche Rolle. Er, der schon 1368 als Bürger von Ulm genannt ist, war ein weithin vernetzter Vertreter der Hochfinanz. An ihn hatten die verschuldeten Adeligen Teile ihrer Herrschaft verpfändet, und die gelangten aus seiner Hand in den Besitz der Stadt Ulm.

Als Jäcklin den Ulmern solchermaßen half, ihr Territorium und ihre Macht auszuweiten, hatte die Ulmer Judengemeinde Schlimmes hinter sich. Auch sie war nicht von den Pogromen in den Pest-Jahren 1348/49 verschont geblieben. Was genau sie bei ihrer Verfolgung erlitten, ob Vertreibung oder gar Vernichtung: Ihr Eigentum wurde teils zerstört, teils ging es an reiche Ulmer über. Doch schon fünf Jahre später hat es wieder eine jüdische Gemeinde gegeben, die nun die Synagoge und den Friedhof von den neuen Besitzern pachten musste.

Doch zurück zu Jäcklin: Als Kreditgeber war er auch für Ulm unentbehrlich, wo damals ein Großprojekt das andere jagte – und wo nicht zuletzt erhebliche Rüstungsausgaben anstanden. Die waren eine wichtige Voraussetzung dafür, dass Ulm seine Unabhängigkeit bewahren konnte.

## Bündnispolitik

Als inzwischen emanzipierte und reichsunmittelbare Stadtrepublik stand Ulm wie andere Städte im traditionellen Konfliktfeld zwischen König respektive Kaiser und den Landesherren, die nach dem endgültigen Ende des Herzogtums Schwaben ihre Macht auszubauen suchten. Das widersprach zwar den Interessen des Königs/Kaisers, der eigentlich ein natürlicher

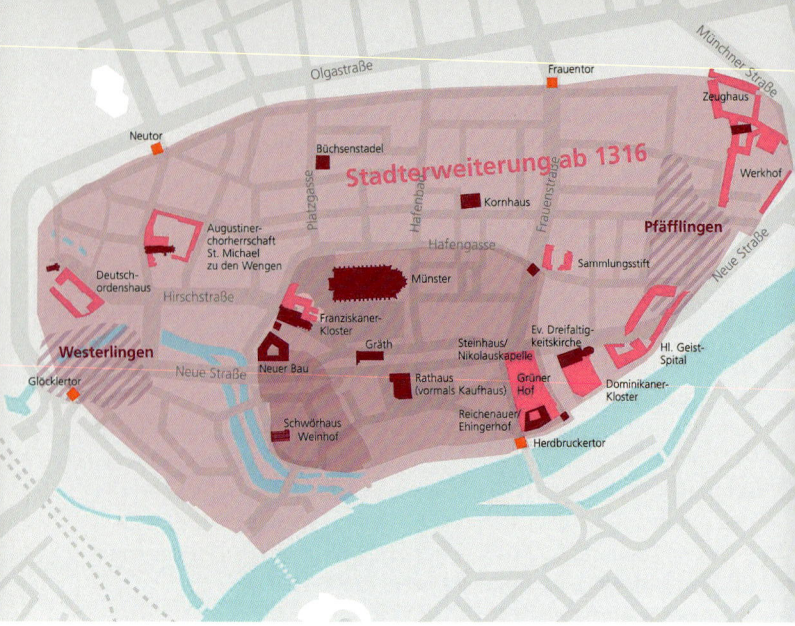

**Von der Pfalz (dunkler Bereich um das Schwörhaus) hat sich die Stadt zunächst zur Stauferzeit und dann 1316 noch weiter ausgedehnt.**

Verbündeter der Städte hätte sein müssen. Aber wenn er in Geldnöten war, was ständig vorkam, versuchte er, die Städte zu schröpfen. Er war sogar bereit, sie zu verpfänden, und koalierte dabei auch noch mit seinen natürlichen Gegnern, den Landesherren. Um sich gegen beide Parteien zu behaupten, schlossen sich die schwäbischen Städte immer wieder zu Bündnissen zusammen, in denen Ulm stets eine führende Rolle spielte.

Zu einem ihrer Hauptgegner entwickelte sich der württembergische Graf Eberhard, genannt »der Greiner«, dessen Expansionsbestrebungen auch in Richtung Ulm zielten. Als er den Hauptmann eines 31 schwäbische Städte umfassenden Bündnisses gefangen nahm, zog dessen Heer bei Altheim/Alb am 7. April 1372 in den Kampf gegen Eberhards Truppen. Es wurde allerdings vernichtend geschlagen, wobei auch der Ulmer Stadthauptmann Heinrich Besserer den Tod fand.

Noch im selben Jahr traf der nächste Schlag Ulm und die unterlegenen Städte: Kaiser Karl IV. brauchte wieder Geld, das er nun von ihnen forderte. Eintreiben sollte es Eberhard der Greiner, dem der Kaiser zudem eine Sondersteuer der Ulmer Juden übereignete. Als der Kaiser kurz danach erneut Geld benötigte, um die Kurfürsten für die Wahl seines Sohnes und Nachfolgers Wenzel zu motivieren, drohte er den Städten sogar, sie an die Landesherren zu verpfänden.

Also schlossen sich am 4. Juli 1376 unter der Führung Ulms 14 Reichsstädte zum Schwäbischen Städtebund zusammen und forderten dessen Anerkennung vom Kaiser, der zwei Jahrzehnte zuvor solche Bündnisse in der Goldenen Bulle verboten hatte. Als der Streit eskalierte, verhängte der Kaiser die Reichsacht über Jäcklin, der mit seinen Krediten wesentlich zur Finanzierung des Städtebundes beitrug. Und weil Ulm die Acht ignorierte, erweiterte der Kaiser sie auf die Stadt und zog gegen Ulm. Allerdings gelang es ihm nicht, die mit der neuen Mauer befestigte Stadt in die Knie zu zwingen.

Von den Geschichten, die sich um diese erfolglose Belagerung rankten, hat gute zwei Jahrhunderte später der Chronist Sebastian Fischer eine Reihe aufgezeichnet. Eine handelt davon, wie die Ulmer durch einen grandiosen Bluff den Gegner irritierten: Trotz des Kriegszustandes hatte der Kaiser die Ulmer zu einem Turnier außerhalb der Stadt aufgefordert. Die aber wiesen nun ihre Bäcker an, das Brot doppelt so groß wie normal zu backen. Und jedem Kind, das beim Turnier zusehen wollte, wurde, bevor es die Stadt verließ, ein solches »Pfennig-Brot« in die Hand gedrückt. *Als nun die auf des Kaisers Seiten erkannten, dass so ein großes Brot nur ein Pfennig galt, waren sie ganz kleinmütig und sagten dem Kaiser, es wäre noch kein Mangel in der Stadt.*

Mit dem Sieg der verbündeten Städte über die Württemberger endete der Konflikt ein halbes Jahr später. Doch 1388 entbrannte ein neuer, diesmal gegen die übergriffigen Herzöge von Bayern, in den sich dann noch der Württemberger Eberhard einmischte. Der bereitete den Städten in der Schlacht bei Döffingen eine weitere Niederlage, wobei auch sein Heer erhebliche Verluste erlitt und ein weiterer Ulmer Stadthauptmann aus der Familie Besserer den Tod fand.

Die kaiserliche Belagerung von 1376 nahmen die Ulmer zum Anlass nicht nur für den ohnehin geplanten Bau des

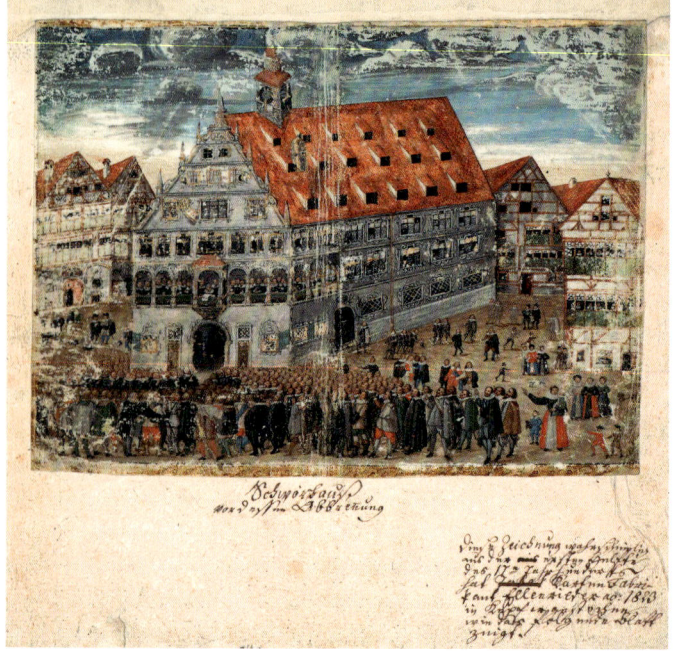

Vor dem Schwörhaus auf dem Weinhof versammelte sich die männliche Einwohnerschaft zum jährlichen Schwörakt. – Gouache von Jonas Arnold um 1650.

Münsters. Als weitere Sicherheitsmaßnahme wurde auch das Wengenkloster von der außerhalb gelegenen Blauinsel in die Stadt hineinverlegt, und auf dem rechten Donauufer wurde die stattliche Siedlung Schwaighofen endgültig beseitigt. Das heutige Schwaighofen hat mit dem damaligen nur den Namen gemein, sonst nichts.

### SEIT 1345: DER SCHWÖRMONTAGS-SCHWUR

Ulms »Nationalfeiertag« ist der Schwörmontag. Um 11 Uhr tritt der Oberbürgermeister auf den Balkon des Schwörhauses, legt vor der auf dem Weinhof versammelten Bürgerschaft Rechenschaft über das vergangene kommunalpolitische Jahr ab und verkündet sein Programm für das kommende. Am Ende, wenn vom Münster die Schwörglocke ertönt, hebt er die Hand zu seinem Schwur, *Reichen und Armen ein gemeiner Mann zu sein in allen gleichen, gemeinsamen und redlichen Dingen ohne allen Vorbehalt.*

Diese Formel geht zurück auf den Kleinen Schwörbrief, die Stadtverfassung aus dem Jahr 1345. Sie war das Ergebnis der vorausgegangenen blutigen Auseinandersetzung zwischen den aufstrebenden Zünften und dem Patriziat, aus dem die Zünfte siegreich hervorgegangen waren. Diesen Eid legte der alljährlich neu gewählte Bürgermeister bei seinem Amtsantritt am Schwörtag ab. Der entwickelte sich zu einem Festtag, der im Lauf der Zeit weitere Festelemente an sich zog, die sich über Tage hinzogen. Als daher Kaiser Karl V. 1548 in seinem Ärger über die Zünfte die Zunftverfassung aufhob und damit auch der Schwörtag hinfällig war, gaben die Ulmer keine Ruhe, bis sie zehn Jahre später einen neuen Schwörbrief erhielten. Darin waren zwar die Machtverhältnisse zu Gunsten des Patriziats vertauscht, aber wenigstens hatte Ulm seinen Schwörtag wieder. Er wurde nach dem traditionellen Ritual gefeiert und im Lauf der Zeit um weitere Belustigungen wie das Fischerstechen bereichert.

Auch nachdem Ulm seinen Reichsstadt-Status und damit seine Schwörbrief-Verfassung verloren hatte, feierten die Ulmer weiterhin ihren Schwörmontag, wenn zunächst auch ohne das Schwör-Ritual. Das führte erst nach dem Zweiten Weltkrieg der damalige Oberbürgermeister Theodor Pfizer wieder ein, als er dem Schwörakt seine heutige Form gab. Das nachmittägliche Nabada (Hinab-Baden), der karnevaleske Wasser-Festzug auf der Donau, hat seine Anfänge im 19. Jh. und findet seit 1927 in organisierter Form statt.

# Ulms kulturelle Blütezeit

Als der Ulmer Dominikanermönch und Chronist Felix Fabri am 29. Januar 1484 nach einer 289 Tage währenden Pilgerreise in seine Heimatstadt zurückkehrt, eröffnet sich ihm beim Überschreiten der Herdbrücke ein völlig neues Stadtbild. In seinem Reisebericht *Evagatorium in terris sanctis*, der zur Weltliteratur gehört, schildert er diesen bewegenden Eindruck:

*Die Stadt schien mir aber in einer einzigartigen Schönheit zu erstrahlen, weil ihre Regierenden mittlerweile die Stadtbefestigung erneuert [ … ] hatten. [ … ] Man hat nämlich unmittelbar am Flussbett entlang eine gewaltige, dicke und hohe Mauer von der Brücke flussaufwärts bis zum Ende der Stadt errichtet, mit Türmen und Schutzwehren mitten ins reißende Wasser, alles gegen einen Angriff der Bayern. In dieser Zeit hatten sie auch die Stadt nicht nur fester, sondern auch ansehnlicher und schöner hergerichtet. So sehr hatten sie sie mit neuen Bollwerken, Türmen und Mauern verschönert, dass ich das Gesicht der Stadt fast nicht erkannt hätte.*

Diese älteste bislang bekannte Beschreibung des Ulmer Stadtbildes mit der 1480 errichteten Donau-Stadtmauer korrespondiert auf ein Jahrzehnt genau mit dessen ältester bekannter Abbildung, die in der 1493 veröffentlichten Weltchronik des Hartmann Schedel (s. S. 70/71) abgedruckt ist. Auf dem Turm des Münsters ist ein Kran zu sehen: Die Bauarbeiten waren noch im Gange, auch wenn das Notdach des Turmes andeutet, dass an dessen kompletten Ausbau schon nicht mehr gedacht wurde.

Innerhalb eines Jahrhunderts also war das Bauwerk im Wesentlichen zu der Höhe herangewachsen, die es vier Jahrhunderte lang beibehalten sollte, ohne dass der himmelstürmende Plan des Hauptturmes verwirklicht worden wäre. Als der Chor am 25. Juli 1405 geweiht wurde, waren weder er noch die Schiffe überwölbt, aber provisorisch überdacht und somit funktionsfähig. Bis dahin hatte, wenn man Fabri glauben darf, nach Abriss der alten Pfarrkirche eine hölzerne Notkirche auf dem Baugelände deren Stelle eingenommen.

Zur Zeit der Chor-Weihe begann der 1392 nach Ulm berufene Meister Ulrich von Ensingen mit dem Bau des Hauptturmes. Bislang hielt man ihn für den Schöpfer des Entwurfes »Riss A«, der als der erste Turm-Plan galt. Die neuere Forschung aber schreibt Riss A seinem Sohn Matthäus Ensinger zu und hat überdies einen noch älteren Entwurf ausgemacht. Bislang als »Regensburger Einturmriss« bekannt, stammt er von Heinrich Parler d. J., der den Bau von 1387 bis 1391 geleitet hatte. Diesem Entwurf zufolge hätte der Turm 181 m hoch werden sollen, 20 m höher als der heutige!

## Ulmer Spätgotik – ein Exportschlager

Bereits in diesem frühen Stadium war klar, dass der gewaltige Bau einen nicht minder gewaltigen Bedarf an sakralen Skulpturen und Bildern auslösen würde. Bereits in den 1380er-Jahren bezogen die überlebensgroßen steinernen Propheten ihre hoch erhabenen Plätze außen am Chor und wenig später die Figuren der Maria und des hl. Othmar ihre Pfeiler beidseits des südlichen Chorturms. An den Figuren für ein Hauptportal hämmerte manch unbekannter Steinmetz schon drei Jahrzehnte, bevor sie ihren Platz einnehmen sollten. Der erste Bildhauer, der mit seinem Werk am Münster namentlich in Erscheinung tritt, ist Meister Hartmann, der 1420/21 markante Figuren für die Vorhalle des Hauptportals gestaltet hat.

Meister Hartmann gilt als einer der ersten Vertreter der »Ulmer Schule«, zu der unter anderem der Glasmaler Hans Acker, die Bildhauer Michel Erhart, Jörg Syrlin Vater und Sohn, Daniel Mauch und Niklaus Weickmann sowie die Maler Hans Schüchlin, Bartholomäus Zeitblom, Jörg Stocker und Martin Schaffner zählen. Der Begriff »Ulmer Schule« ist zwar umstritten, da es damals in Ulm kein Ausbildungszentrum für bildende Künste gegeben hat. Aber er ist überaus praktisch, da er all diese herausragenden Künstler zusammenfasst, welche die Ulmer Spätgotik zu einem Exportschlager werden ließen. Ihre Werke schmücken heute nicht nur die großen Museen in aller Welt, sondern auch zahllose Kirchen in Süddeutschland und der Schweiz bis ins Tessin.

**Die älteste Stadtansicht Ulms in der Schedel'schen Weltchronik von 1493.**

Ganz gezielt förderte der Ulmer Rat den Zuzug dieser Talente, etwa indem er dem aus dem Allgäu stammenden Hans Multscher die Steuern erließ, als er 1427 das Bürgerrecht erwarb. Der unübertroffene »Star« unter den Münster-Skulpturen ist Multschers Schmerzensmann (1429), der sich zum Betrachter neigt, ihm gerade in die Augen schaut, mit dem Finger vorwurfsvoll auf seine Seitenwunde deutet und in dieser Leb- und Leibhaftigkeit als ein Hauptwerk des neuen Realismus gilt (s. S. 74).

Neben diesen immobilen, mit dem Bauwerk verbundenen Stein- und Holzskulpturen entstanden zahllose weitere an den insgesamt 52 Altären, die, den Hochaltar inbegriffen, das Münster zu einem knallbunten Erlebnisraum werden ließen. Diese Altäre hatten wohlhabende Stifter bei Malern und Bildschnitzern in Auftrag gegeben, um etwas für ihr postmortales Seelenheil, aber auch für ihre höchst irdische Selbstdarstellung zu tun.

Mit dem Altar als solchem war es jedoch zumindest in puncto Seelenheil nicht getan. Er erforderte sein Personal, einen Kaplan, der regelmäßig Messen für seine Stifter lesen musste und dafür mit einer Pfründe bestallt wurde; manche

Altäre hatten bis zu fünf Pfründen. Infolgedessen wuselte beständig ein Heer von Hilfsgeistlichen durch das Münster und veranstaltete einen Heidenlärm durch *Gespräche über alles, was ihnen gerade in den Mund kommt*, wie der Chronist Fabri klagt.

Die ständige Anwesenheit so vieler Kleriker könnte eine mögliche Erklärung für die nach wie vor offene Frage sein, für wen das Chorgestühl angefertigt wurde. Mit seinen 89 Sitzen gehört es zu den bedeutendsten Deutschlands und zu den Hauptsehenswürdigkeiten des Ulmer Münsters. Das aber war und ist eine Bürgerkirche ohne eine der Klerikergemeinschaften, die üblicherweise in einem Chorgestühl Platz nahmen. Wozu also diente es? Bot es vielleicht geistlichen Bruderschaften die Möglichkeit zum gemeinsamen Gebet? Oder war es ganz einfach ein weiteres Prachtstück, das die Macht und den Reichtum der Stadt allen vor Augen führen sollte?

Wie auch immer: Das Ulmer Chorgestühl zeichnet sich aus durch die Büsten auf den Pultwangen – Männer links, Frauen rechts –, welche bedeutende Denker der Antike sowie die als »Sibyllen« bezeichneten vorchristlichen Seherinnen darstellen.

In den beiden Reihen dahinter folgen Figuren zunächst des Alten und dann des Neuen Testaments.

Lange wurde das Chorgestühl dem Ulmer Schreiner und Bildhauer Jörg Syrlin dem Älteren zugeschrieben. Inzwischen hat sich herausgestellt, dass Syrlin ein Großunternehmen betrieb, das zur Ausführung seines 1469 erteilten Auftrags andere Künstler als Subunternehmer beschäftigte. So gilt heute Michel Erhart als Schöpfer der Wangenbüsten, die er zwischen 1469 und 1474 geschnitzt hat.

Aus Syrlins Werkstatt stammt auch der nach ihm benannte Syrlinbrunnen oder »Fischkasten« südöstlich des Ulmer Rathauses, worin die Fischer während der Markttage ihre lebendige Ware frisch hielten. Neben Syrlins Namen und Meisterzeichen trägt er die Jahreszahl 1482. Doch auch in diesem Fall deutet alles darauf hin, dass die Ritterfiguren ein Werk Michel Erharts sind.

## Ulms Bilderbuch-Rathaus

Vom Fischkasten aus erhebt sich der Blick auf weitere Skulpturen des 15. Jhs. Sie säumen das südliche Rathausfenster. Ihre Installation um 1416 fällt zusammen mit der Nutzung des Kauf- oder Gewandhauses als Rathaus. Dafür war von der Tuchhalle im Obergeschoss ein großer Ratssaal abgeteilt worden. Dessen Bedeutung wurde nun mit Prunkfenstern unterstrichen, die ein ausgesprochen politisches Skulpturenprogramm umrahmen sollte: die Figuren der Kurfürsten. Die ersten Statuen, fünf der sechs Kurfürsten an den drei südlichen Ratssaal-Fenstern, schuf Meister Hartmann; die sechste möglicherweise ein Kollege aus seiner Werkstatt.

Die zweite Staffel, die Figuren am Ostfenster, dürfte ein paar Jahre jünger sein. Sie gibt zunächst Rätsel auf, denn außer dem siebenten Kurfürsten, dem König von Böhmen ganz rechts, steht ganz links ein Herrscher, dessen rot-weiß gestreifter altungarischer Wappenschild ihn als König von Ungarn ausweist. Aber: Weder gehörte Ungarn zum Reich, noch zählte sein König zu den Kurfürsten. Was also hat er dort verloren?

Den Mittelpfeiler zwischen den beiden Königen beherrscht der Kaiser in Gestalt des Reichsgründers Karls des Großen. Allerdings hatte das deutsche Reich zu der Zeit, als diese Figuren geschaffen wurden, keinen Kaiser. Erst 1433 hoben die Kurfürsten Sigismund, der seit 1411 römisch-deutscher König war, auf diesen Posten. Doch offensichtlich hatten die Ulmer Sigismund schon zuvor favorisiert und das Skulpturenprogramm des Rathaus-Ostfensters auf ihn fokussiert. Denn dort ist er doppelt präsent: als König von Böhmen, der er seit 1420 war, und als König von Ungarn (seit 1387). Damit ist klar, wie der Ungarn-König ans Ulmer Rathausfenster gelangt ist: als Kniefall vor Sigismund. Somit liegt der Verdacht nahe, dass der Kaiser als dritte Figur Sigismund verkörpern sollte, auch wenn der erst später in dieses Amt aufsteigen sollte.

Den Auftrag zu diesem Huldigungs-Programm übertrug der Ulmer Rat dem besten, den er finden konnte: Hans Multscher. Möglicherweise hat er diese Figuren bereits vor seinen ersten Münster-Skulpturen geschaffen und noch bevor er 1427 ins Ulmer Bürgerrecht aufgenommen wurde.

Die aufwendige Verzierung der Prunkfenster schloss den Prozess ab, in dem ein Gewand- und Kaufhaus aus dem 14. Jh. zum Rathaus mutiert war. Seit 1416 wurde es als solches bezeichnet. Freilich sollte es auch weiterhin und nach umfangreichen Um- und Neubaumaßnahmen eine Stätte des Handels bleiben. Im Erdgeschoss des Nordflügels durften die Sattler ihre Ware feilhalten, in der Halle daneben standen die Fleischbänke der Metzger, in einer weiteren Halle im Obergeschoss wurde mit Tuch gehandelt.

Damit war das Rathaus Teil des Wirtschaftszentrums, zu dem der Markt auf der Ost- und Südseite des Rathauses ebenso gehörte wie die benachbarte Gräth, das 1389 erstmals erwähnte Kauf-, Waag- und Lagerhaus, wo die in Ulm ankommenden Waren taxiert und gestapelt wurden. Wie weit der Fernhandel reichte, erhellt aus den Einladungen, die Ulm zu seiner 14-tägigen Messe um Christi Himmelfahrt verschickte, nachdem Kaiser Sigismund sie 1429 genehmigt hatte. Sie gingen an über 400 Städte im Bereich zwischen Lübeck, Brügge, Venedig, Laibach (Ljubljana), Pressburg (Bratislava) und Breslau, wobei die

Der Schmerzensmann am Hauptportal des Ulmer Münsters (Kopie; Original im Kircheninnern).

Ulmer Kaufleute bereits zuvor noch wesentlich weitere Ziele in ganz Europa erreicht hatten. Davon zeugen die Städte- und Länder-Wappen am Südgiebel des Ulmer Rathauses.

Diese Malerei samt der darunter treibenden »Ulmer Schachtel« stammt allerdings von der Rathaus-Renovierung 1905. Die übrigen Fresken an der Nord- und Ostseite, die das Ulmer Rathaus zu einem Bilderbogen der Tugenden machen, wurden 1540 aufgebracht, nachdem der Nordflügel durch einen Neubau ersetzt worden war. Dort dominieren Themen aus der römischen Sagenwelt, während auf der Ostseite biblische Motive überwiegen. Als ihr Maler gilt Martin Schaffner, auch wenn daran immer wieder Zweifel aufgetaucht sind. Die Texte stammen zum Teil wörtlich aus zwei damals in Augsburg gedruckten Büchern des fränkischen Adeligen Johannes von Schwarzenberg, die auf Cicero und der Bibel basieren.

Um 1520 dürfte die astronomische Uhr am Rathaus entstanden sein, die eine ältere mit beweglichen Figuren ablöste. Mit dieser »Stadtuhr« hatten die Ulmer zunächst einige technische Schwierigkeiten, bis sie 1579 den aus Schaffhausen stammenden Uhrmacher Isaak Habrecht mit der Instandsetzung beauftragten. Der hatte zuvor die astronomischen Uhren im Straßburger Münster und am Heilbronner Rathaus konstruiert. 1581 war das Werk vollendet, das seinesgleichen sucht: Mit einem halben Dutzend beweglicher Elemente zeigt die Uhr mindestens 17 astronomische Daten und Ereignisse an und ist damit die komplexeste ihrer Art in Süddeutschland.

## Denker und Drucker

Damit sind wir im Ulmer Geistesleben angelangt, das damals stark von der Antike geprägt war, wie schon am Chorgestühl zu beobachten. An dessen Konzept hatte möglicherweise der Ulmer Stadtarzt Heinrich Steinhöwel (1410/11–1479) mitgewirkt, der zu den Frühhumanisten gezählt wird und berühmt wurde als Schriftsteller und Übersetzer, unter anderem von Petrarca, Boccaccio und Aesop.

Steinhöwel war es auch, der Johann Zainer nach Ulm holte, der seine Schriften drucken sollte. Zainer schuf damit Meisterwerke des frühen Buchdrucks, darunter 1473 die von Steinhöwel verfasste erste deutsche Chronik, die im Druck erschien, sowie Steinhöwels Boccaccio-Übersetzung der *Erlauchten Frauen* (*De claris mulieribus*). Dieses Erzeugnis zählt mit seinen hochwertigen Holzschnitten, die auch andere Ulmer Frühdrucke auszeichnen, zu den Pioniertaten des Gewerbes. Weitere Buchdrucker wie Conrad Dinckmut, Lienhart Holl und Johannes Reger trugen dazu bei, dass Ulm eine führende Stellung im frühen Buchdruck erlangte, wenn diese Blüte auch nicht allzu lange währte.

Dass es überhaupt so weit gekommen war, lag daran, dass Ulm sich mit seinem Wohlstand und dem daraus resultierenden Münsterbau zu einem kulturellen Zentrum entwickelt hatte. Zu dessen geistigen Grundlagen trugen neben der schon 1294 existenten Lateinschule auch die Klöster bei. Sie vermittelten das Wissen über die Antike, noch bevor der Humanismus dies weiter kultivierte. So geistert die antike Mythologie auch immer wieder durch die schon mehrfach zitierte älteste überlieferte Ulmer Stadtbeschreibung, den *Versuch über die Stadt Ulm*, die der Dominikaner-Frater Felix Fabri 1488 verfasst hat. Mit ihr endet sein größtes Werk, das *Evagatorium in terrae sanctae*, worin er seine Pilgerreisen ins Heilige Land und die angrenzenden Gebiete beschreibt. Der Bericht liest sich mit seiner Fülle von Einzelheiten und Abschweifungen so lebendig als wäre man dabei. Er gehört zur Weltliteratur und bot sogar den Stoff für den in elf Sprachen übersetzten Bestseller *Die gestohlene Zunge* (A Stolen Tongue, 1997) der amerikanischen Autorin Sheri Holman.

Als Lesemeister des Ulmer Dominikanerklosters und in Zusammenarbeit mit Augsburger und Ulmer Druckern brachte Fabri auch das Werk seines Ordensbruders Heinrich Seuse oder Suso heraus, der ein Schüler des Meisters Eckhart war. Suso lebte von 1348 an in Ulm, wo er 1366 starb. Als Mystiker und Autor zahlreicher Schriften verehrt, hat er es in der katholischen Kirche zum Seligen gebracht. Ein weiterer Ulmer, den die Katholiken als Seligen verehren, ist Jakob Griesinger. Als herausragender Glasmaler gilt er als Patron dieses Gewerbes. In Bologna trat er dem Dominikanerorden bei. Dort starb »Giacomo da Ulma« 1491 im Alter von 80 Jahren.

Zu den Ulmer Autoren, die es zu nationaler bis internationaler Bedeutung gebracht haben, zählt auch der Humanist Johannes Böhm, einer der ersten Volkskundler. Als Angehöriger der Ulmer Deutschordenskommende veröffentlichte er 1520 seine Ethnographie *Omnium gentium mores, leges et ritus* (Sitten, Gesetze und Gebräuche aller Völker). Aus seinem Kapitel über die Fastnachtsbräuche der Franken hat sich wenige Jahre später der von 1533 bis 1539 in Ulm lebende Sebastian Franck bedient, auch er ein früher Volkskundler und ein Klassiker der Fastnachtsforschung, von der noch die Rede sein wird.

**ULMS MITTELALTERLICHE WASSERVERSORGUNG**

Der Fischkasten oder »Syrlinbrunnen« südöstlich des Ulmer Rathauses ist ein Fließwasserbrunnen. Gespeist wurde er aus einem Rohrleitungsnetz, das die ganze Stadt durchzog. Seine Jahreszahl 1482 ist ein wichtiger Hinweis darauf, dass damals bereits jenes System bestand, das frisches Wasser in das Haus jedes Bürgers beförderte, der dafür bezahlte. Es dürfte erst wenige Jahrzehnte alt gewesen sein, aber immerhin zählte Felix Fabri in seiner Stadtbeschreibung von 1488 bereits 23 »Röhrkästen«, wie die öffentlichen Fließwasserbrunnen hießen.

Diese Trinkwasserversorgung gehörte zu den technischen Meisterleistungen des spätmittelalterlichen Ulm. Das Wasser des Stadtgrabens, der die Stadt schützend umfloss, wurde in fünf Brunnenwerke geleitet, von denen vier unter der Erde lagen. Nur das letzte beim Seelturm, dem heutigen Zundeltor, war ebenerdig. Es beherbergt heute das Brunnenmuseum der Stadtwerke.

In diesen unterirdischen Brunnenwerken trieb das Wasser des Stadtgrabens jeweils ein riesiges Wasserrad. Das betätigte eine Pumpe, die sauberes Grundwasser in einen benachbarten Wasserturm beförderte. In dessen Obergeschoss war die Brunnenstube mit dem Behälter, der das Wasser in das städtische Rohrnetz leitete.

Da diese beispielhafte Versorgungseinrichtung Besucher von auswärts anlockte, wurde eines der Brunnenwerke zu Vorführzwecken mit einem besonders attraktiven Behälter ausgestattet, dem Delphinbrunnen. Er steht heute auf dem südöstlichen Münsterplatz und produziert mit seinen über 50 Düsen ein äußerst reizvolles Wasserspiel.

Als Ulm im Jahr 1873 seine moderne Trinkwasserversorgung erhielt, hatten die Brunnenwerke und Röhrenkästen ausgedient. Ein Teil von ihnen verschwand. Aber etwa drei Jahrzehnte später, zu Beginn des 20. Jhs., wurden die alten Brunnen plötzlich neu entdeckt und renoviert. Ihr originaler Figurenschmuck wanderte ins Museum und wurde durch Kopien ersetzt. Insgesamt neun der reichsstädtischen Fließwasserbrunnen sprudeln heute in der Stadt, wenn auch nicht alle an ihren originalen Standorten. Der Fischkasten jedoch blieb unverrückt.

# Zeit des Umbruchs

Auf etwa 80 cm schätzte Nikolaus Federmann aus Ulm die Körpergröße der Frau, die er am 7. Oktober 1530 im Eingeborenendorf Carohana (Heute: Carora) vom Häuptling der Ayamanes geschenkt bekam. Die Ayamanes waren damals ein Pygmäenvolk, auf das Federmann bei seiner Expedition ins Innere Venezuelas gestoßen war. Seine größten Vertreter maßen fünf *Spannen*, also etwa 1 m, wie der Ulmer Konquistador in seiner 1557 gedruckten *Indianischen Historia* überliefert.

Federmann war damals Stellvertreter des Statthalters von Venezuela, Ambrosius Dalfinger – ebenfalls ein Ulmer. Beide standen in den Diensten der Welser, jenes Augsburger Handelshauses, das Kaiser Karl V. viel Geld geliehen und dafür Venezuela zum Lehen erhalten hatte. 1529 gründete Dalfinger das heutige Maracaibo, nachdem er die Eingeborenen blutig niedergeschlagen hatte. Vier Jahre später wurde er auf der Suche nach dem legendären Goldland El Dorado von einem Giftpfeil in die Kehle getroffen.

1536 machte auch Federmann sich auf die vergebliche Suche nach El Dorado. Auf dieser seiner zweiten Expedition, in deren Verlauf er mit seiner Truppe einen 4.000 m hohen Pass der Cordillera Oriental überschritt, war er 1539 an der Gründung von Kolumbiens Hauptstadt Bogotá beteiligt. Danach geriet er in ein Bündel von Konflikten, sowohl mit den Spaniern, die ihn als *luterano* (Lutheraner) schmähten, als auch mit seinen Dienstherren, den Welsern, die ihn beschuldigten, große Summen unterschlagen zu haben. Noch im selben Jahr verließ er Südamerika. Es kam zum Prozess vor dem Indienrat, in dessen Verlauf Federmann 1542 in Valladolid starb. Die Ayamanes-Frau hatte er in Venezuela gelassen.

Dalfinger und Federmann waren nicht die einzigen Ulmer auf dem neuen Kontinent, den Kolumbus erst wenige Jahrzehnte zuvor entdeckt hatte. Zu den Repräsentanten der Welser in Venezuela gehörten auch Hans Ungelter, Sebastian Rentz,

Franz Lebzelter, Andreas Gundelfinger sowie die Brüder Heinrich und Jacob Rembold. Das wirft die berechtigte Frage auf, warum sie für ein Augsburger Unternehmen arbeiteten und nicht für ein Ulmer. Der schlichte Grund ist, dass es in Ulm zwar bedeutende Kaufleute gab, aber keine Handelsgesellschaften wie die der Fugger und Welser. Bereits 1389 hatten Bürgermeister und Rat solche überregionalen Verbindungen verboten. Zwar kam es später dennoch zu Beteiligungen, etwa an der Großen Ravensburger Handelsgesellschaft, und zu lokalen Zusammenschlüssen, aber die pflegten ihre konservativen Prinzipien, etwa feste Preise sowie eine solide Geschäftspolitik, und lehnten das Profitstreben der frühkapitalistischen Gesellschaften ab. So scheiterte auch der Versuch der Welser, 1505 in Ulm eine Niederlassung zu gründen. Die von den Zünften diktierten Bedingungen machten dies unrentabel.

## *Die wirtschaftliche und geistige Wende*

Das änderte freilich nichts daran, dass sowohl die Entdeckung Amerikas als auch die auswärtigen Handelsgesellschaften die wirtschaftliche Entwicklung Ulms beeinträchtigten. Die Handelswege, die früher über die Alpen in Richtung Osten geführt hatten, verlagerten sich nun in Richtung Atlantik, über den auch amerikanische Baumwolle nach Europa gelangte und in England wie den Niederlanden verarbeitet wurde – Konkurrenz für die Ulmer Textilproduktion und ihren Exportschlager, den Barchent. Hinzu kam die regionale Konkurrenz der Fugger, die den Ulmern immer wieder schwer zu schaffen machten.

Ulm hatte somit seine besten Zeiten hinter sich, was seinen symbolhaften Ausdruck im Münster fand. Am 29. Januar 1543 beschloss der Rat, dessen Bau einzustellen, *zur Verhütung costens*, wie eine der Begründungen lautete. Erst 300 Jahre später sollte das Projekt vollendet werden.

Allerdings hatte sich auch der Zeitgeist gewandelt. Die Gotik ging zu Ende, und die aufdämmernde Denkweise der Reformation stand einem derart prächtigen Gotteshaus eher kritisch gegenüber. So erklärte der Reformator Johann Eberlin von Günzburg in einer 1523 gedruckten Schrift an den Ulmer Rat, kostspielige Kirchenbauten wie das Münster seien alles andere als gottgefällig. Damit wurden auch die Maler und Bildschnitzer arbeitslos.

Eberlin, Mönch im Ulmer Franziskanerkloster, gehörte zu den ersten Ulmern, die Luthers Lehren kannten und verbreiteten. Deswegen wurde er 1521 aus dem Kloster ausgeschlossen und verließ die Stadt. Ein Jahr später musste auch sein Nachfolger und Gesinnungsgenosse Heinrich von Kettenbach gehen. Weitere Prediger wurden verhaftet.

Aber der reformatorische Gedanke hatte längst Fuß gefasst, etwa im Kreis der Humanisten um den Stadtarzt Wolfgang Rychard, der in regem Briefwechsel mit Luther, Melanchthon und anderen Reformatoren stand. Bereits im Mai 1524 trat eine vierköpfige Delegation der Ulmer Bürgerschaft vor den Rat, die sich selbst als »evangelisch« bezeichnete. Ihre Forderungen, die auf die Förderung der neuen und das Zurückdrängen der katholischen Lehre zielten, bewirkten, dass der Rat noch in derselben Sitzung beschloss, einen reformatorischen Prediger einzustellen. Die Wahl fiel auf Konrad Sam, einen Anhänger des Schweizer Reformators Huldrych Zwingli.

## Bürgerentscheid für die Reformation

Zwischen den Lehren Luthers und Zwinglis bestanden Differenzen, die das evangelische Lager spalteten, etwa über die Rolle von Brot und Wein beim Abendmahl. Während Luther darauf bestand, dass man damit allen Ernstes Leib und Blut Christi zu sich nehme, sah Zwingli im Abendmahl eine symbolische Handlung. Dieser Widerspruch schrumpfte später zum Nebenkriegsschauplatz, nachdem der katholische Kaiser Karl V. 1530 auf dem Reichstag in Augsburg alle kirchlichen Neuerungen gewaltsam verbieten wollte.

Das brachte die Ulmer Obrigkeit in arge Bedrängnis. Es ging, so der Theologe Martin Brecht, um *des Kaisers Gnade und Gottes Ungnade oder um Gottes Gnade und des Kaisers Ungnade*. Für solche Krisenfälle sah die Stadtverfassung, der Große Schwörbrief, einen

Bürgerentscheid vor. Vom 3. bis 8. November 1530 sprachen sich 1.621 von 1.865 stimmberechtigten Bürgern – das waren männliche Zunftmitglieder und Patrizier – für die Reformation aus. Eine überwältigende Mehrheit.

Noch im selben Jahr begannen in Schmalkalden Verhandlungen über ein Bündnis der protestantischen Städte und Fürsten. Daraus entstand 1531 unter Beteiligung Ulms der Schmalkaldische Bund, der für anderthalb Jahrzehnte Schutz vor dem Kaiser bot. In dieser Zeit begann die Ulmer Obrigkeit, die nunmehr auch die Geschicke der Kirche lenkte, die Reformation praktisch umzusetzen.

Für diese Aufgabe holte sie drei führende Köpfe der oberdeutsch-schweizerischen Reformation nach Ulm: Martin Bucer aus Straßburg, Ambrosius Blarer aus Konstanz und Johann Oekolampad aus Basel, einen Freund Zwinglis. Sie formulierten zunächst 18 richtungweisende Artikel, die der katholischen Lehre den Boden entzogen und die sie dann zur neuen Kirchenordnung von 1531 ausbauten. Noch im selben Jahr mussten die Franziskaner und Dominikaner die Stadt verlassen. Die Augustiner-Chorherren flohen ins Exil. Die Damen des Sammlungsstifts entschieden sich für den evangelischen Glauben. Von den katholischen Institutionen hielt nur der Deutsche Orden die Stellung.

Zug um Zug wurden nun die Messe abgeschafft, das evangelische Abendmahl eingeführt und der Bildschmuck entfernt. Letzteres geschah völlig unaufgeregt: *Wer Bilder oder Altäre gehabt hat, der hat sie wohl mögen heim tragen. Was aber dageblieben ist, das hat ein Ehrsamer Rat zerschlagen lassen und den armen Leuten als Brennholz gegeben,* berichtet der Zeitzeuge und Schuhmacher Sebastian Fischer in seiner Chronik. Und so landeten viele der 52 Münsteraltäre schließlich in den Kirchen des Umlandes. Nur der steinerne, in die Nordwand eingelassene Karg'sche Familienaltar konnte nicht entfernt werden. Also wurden seine Figuren zertrümmert. Der ruinierte Rest des Altars gilt heute als schlagender Beweis für den Bildersturm, der keiner war. Ein weiterer einschneidender Schritt erfolgte in den folgenden Jahren: die Profanierung der über 30 Kirchen und Kapellen, die zum Teil zu Lagerschuppen umfunktioniert wurden.

Auch wenn nun die neue Lehre auf der Tagesordnung stand, lebten weiterhin viele »Altgläubige« in der Stadt. Die Obrigkeit duldete sowohl sie als auch die »Linksabweichler« der Reformation, die »Täufer« bzw. »Wiedertäufer« und Spiritualisten, obwohl die mit ihrer Forderung nach Glaubensfreiheit und Trennung von Kirche und Staat auch den sich etablierenden Protestanten ein Dorn im Auge waren. Ihre prominentesten Vertreter waren Sebastian Franck (1499–1542), ehemals lutherischer Geistlicher, der unter anderem als früher Völkerkundler bis heute nachwirkt (s. S. 76) und 1533 in Ulm Zuflucht gefunden hatte. Hier wirkte er als Schriftsteller, Buchdrucker und Seifensieder. Der andere, noch prominentere war der schlesische Edelmann Kaspar Schwenckfeld (1489–1561), Gründer der spiritualistischen, nach ihm benannten Sekte.

Beide hatten die Sympathie und Achtung des Bürgermeisters Bernhard Besserer erworben, der sie eine Weile vor dem Geifer des obersten Prädikanten Martin Frecht schützen konnte, dem Nachfolger des 1533 verstorbenen Konrad Sam. Doch schließlich setzten sich Frecht und die Prediger durch und erzwangen 1539 die Ausweisung Francks und Schwenckfelds. Letzterer kam weiterhin heimlich nach Ulm ins Haus der Stadtärztin Agathe Streicher, wo er 1561 gestorben ist und auch begraben sein soll.

## Die Entmachtung der Zünfte

Der Fortgang der Reformation in Ulm wurde jedoch durch äußere Einflüsse gehemmt. Zwistigkeiten schwächten den Schmalkaldischen Bund. Das nutzte der Kaiser 1546 zum Angriff. Als sich seine Truppen Ulm näherten, stimmten die Bürger trotz der Gefahr, dass die Stadt in Schutt und Asche gelegt würde, erneut für den Verbleib im reformatorischen Lager. Um zu retten, was zu retten war, scherte Ulm aus dem Bund aus und unterwarf sich am 23. Dezember 1546 in Schwäbisch Hall dem Kaiser. Dort lagen die Ulmer Gesandten in schwarzen Klageröcken eine halbe Stunde vor Karl V. auf den Knien. Der Friede kostete sie unter anderem 100.000 Gulden, aber immerhin hatten sie erreicht, dass sie ihre *jetzt habende Religion* beibehalten durften.

Das währte jedoch nicht allzu lange. Nachdem er den Schmalkaldischen Krieg gewonnen hatte, erzwang Kaiser Karl V. 1548 das Interim (Übergangslösung), das viele Änderungen der Reformation zurücknahm. Daraufhin wurde im Münster wieder die Messe gelesen, die Katholiken hatten wieder einen Priester, und die Augustiner-Chorherren kehrten ins Wengenstift zurück. Frecht und die anderen Prädikanten, die sich dagegen wehrten, wurden in Ketten aus der Stadt geführt, als Karl V. am 14. August mit seinen Truppen in Ulm eintraf.

Dieser Aufenthalt hatte schwerwiegende Folgen für die Machtverhältnisse in der Stadt. Denn der Kaiser zerschlug die Zünfte, zog ihr Vermögen ein, hob die Zunftverfassung des Großen Schwörbriefs auf, jagte den zünftisch dominierten Rat auseinander und setzte einen neuen, wesentlich kleineren ein, in dem das Patriziat mit 21 zu 10 Sitzen dominierte. Für die Ulmer hatte das die bedauerliche Nebenwirkung, dass mit dem Schwörbrief ihr größtes Stadtfest, der Schwörtag, hinfällig geworden war, da es nichts mehr zu beschwören gab. Das dürfte ein wesentlicher Grund gewesen sein, warum sie keine Ruhe gaben und immer wieder ihren Schwörbrief zurückforderten. Nach zehn Jahren hatten sie endlich Erfolg: 1558 erhielten sie den »Neuen Schwörbrief«, der allerdings die von Karl V. umgekehrten Machtstrukturen zugunsten des Patriziats festschrieb. Aber die Ulmer hatten damit ihren alten Schwörtag wieder.

Das Interim währte nicht allzu lange. Denn Kurfürst Moritz von Sachsen, bis dahin Verbündeter des Kaisers, wechselte 1552 die Seiten und verstärkte damit die Riege der protestantischen Fürsten, die nun den Aufstand gegen Karl V. wagten. In diesem »Fürsten-« oder »Markgrafenkrieg« hielt Ulm jedoch dem Kaiser die Treue, auch als das Fürstenheer schon vor der Stadt lag und sie ultimativ zur Unterstützung aufforderte.

In dieser dramatischen Situation ließ Bürgermeister Sebastian Besserer die Bürger drei Mal abstimmen. Sie votierten jedesmal gegen die Fürsten, denen sie misstrauten, zumal die sich mit dem König der Franzosen verbündet hatten. Daraufhin beschoss und belagerte das Fürstenheer die Stadt, wenn auch erfolglos. Bei seinem Abzug brannte es die umliegenden Dörfer nieder, darunter Lehr, Wiblingen, Finningen, Reutti, Marbach, Steinheim, Thalfingen, Elchingen, Pfuhl und Offenhausen. Zuvor hatte Ulm die Vorstadt auf der Donauinsel abbrechen lassen, um dem Feind keine Deckung zu gewähren. Dort wurde anschließend ein Brückenkopf, das »steinerne Werk« oder »Lappele«, gebaut.

Anderswo operierten die Fürsten erfolgreicher. Nachdem sie den Kaiser in Innsbruck schier gefangen hätten, einigten sie sich mit ihm in Passau auf einen Vertrag, der unter anderem die Lutheraner formal anerkannte. Dieses Provisorium besiegelte drei Jahre später der Augsburger Religionsfriede. 1555 abgeschlossen, garantierte er den Lutheranern die freie Religionsausübung und stellte sie den Katholiken rechtlich gleich.

Damit war auch für Ulm die Glaubensfrage endgültig entschieden. Zwar hatte dort zu Beginn der Reformation deren zwinglianisch-oberdeutsche Variante überwogen, doch ihr Einfluss hatte nach Zwinglis Tod 1531 stark nachgelassen. 1536 hatte Ulm, wenn auch zögernd, der Wittenberger Konkordie zugestimmt, die einen Kompromiss zwischen den Auffassungen der beiden evangelischen Lager formulierte. Damit näherte sich Ulm dem Luthertum an. Schließlich setzte der Rat im Jahr 1556 einen knallharten Lutheraner als Superintendenten an die Spitze der Kirche: Dr. Ludwig Rabus (1524–1592). Er verhalf der Lehre des Wittenbergers in der Stadt zum endgültigen Durchbruch.

## Bauernkrieg und Festungsbau

Dank seiner soliden Befestigung hat Ulm den Angriff des Fürstenheeres heil überstanden, auch wenn der Umbau der mittelalterlichen Ringmauer zur Stadtumwallung nicht abgeschlossen war. An vielen Stellen stand noch die weiße Kalksteinmauer des 14. Jhs., wie ein Bild des Stadtmalers Georg Rieder d. Ä. von der Belagerung Ulms 1552 dokumentiert. Es zeigt aber auch schon die damals im Bau befindlichen Verstärkungen und Bastionen aus roten Ziegeln.

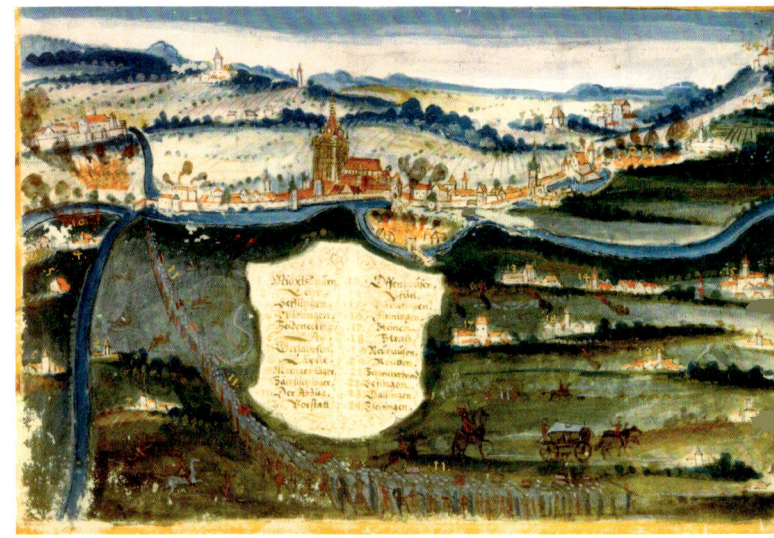
Brennende Dörfer um Ulm nach dem Abzug des Fürstenheers 1552.

Die immer stärkere Durchschlagskraft der Geschütze forderte beständig neue Antworten der Festungsbauer. Ulms hohe Stadttürme wurden von 1529 an verkürzt, da sie leichtes Ziel waren und ihre Trümmer Schaden angerichtet hätten. Die doppelten Mauern hielten den Kanonenkugeln nicht mehr stand. Nach der Befestigungslehre Albrecht Dürers wurde daher die hohe hintere Mauer verkürzt auf die Höhe der Außenmauer, die mit Ziegeln verstärkt wurde. Der Raum dazwischen wurde mit Erde aufgefüllt, wodurch Geschützwälle entstanden. Neu waren auch die Basteien, die dem Wall vorgelagert wurden.

Den ersten Anlass für diese Veränderung bot der Bauernkrieg 1524. Die Landbevölkerung hatte sich gegen ihre anhaltende Unterdrückung gewehrt, auch im Ulmer Territorium, wo es schon 1514 zu einem Aufstand in Geislingen gekommen war. Unter Verweis auf die evangelische Botschaft, unterstützt von einigen Predigern, sammelten sich die rebellischen Bauern im Herbst 1524. Es bildeten sich »Haufen«, etwa im ulmischen Leipheim und in Memmingen, die zunächst über ihre Forderungen, etwa die »Zwölf Artikel«, verhandeln wollten.

Als dies scheiterte, griffen sie zu ihren Sensen, Spießen und Dreschflegeln.

Ulm stand an der Spitze des 1487/88 gegründeten Schwäbischen Bundes, in dem die schwäbischen Reichsstädte sowie süddeutsche Fürstentümer und Ritterschaften vereinigt waren und der sich infolge religiöser Gegensätze 1534 wieder auflösen sollte. Der Bund unterhielt ein Heer, und das schlug unter dem Befehl des Feldhauptmanns Georg Truchseß von Waldburg, genannt »Bauernjörg«, die Aufständischen blutig nieder. Anfang April 1525 zog er gegen den Leipheimer Haufen. 3.000 Bauern wurden erstochen, weitere in die Donau gejagt, wo sie ertranken. Von den Gefangenen wurden viele erdolcht oder geköpft. Während der Schwäbische Bund anschließend keine Gnade walten ließ, bemühte sich Ulm, seine Untertanen im Territorium durch Nachsicht zu beruhigen.

In jedem Falle aber war der Bauernkrieg Anlass, die Festung zu modernisieren. Sie hielt dann auch später der Beschießung durch das Fürstenheer stand. Schwächen der Dürer'schen Befestigung wurden in den folgenden Jahrzehnten nach italienischer Festungsbaukunst verbessert. Vor allem aber wurde die Donauinsel zum Brückenkopf ausgebaut. Dort hatten zuvor die Häuser der Gerber gestanden, die aber beim Heranrücken des Fürstenheeres aus Sicherheitsgründen ebenso abgebrochen worden waren wie die Donaubrücken zur Insel und zum rechten Flussufer.

Die Brücken wurden erneuert und die Insel durch den »Armbrustgraben« geteilt, der nach dem Armbrustschützenhaus am rechten Donauufer benannt war. Das markante Gebäude brannte 1632 ab. Der westliche Teil, der die Brücken über Donau und kleine Donau verband, war mit einer Mauer umgeben und wurde zum rechten Flussufer hin geschützt durch einen Wall ähnlich dem, der um die Stadt verlief, sowie im Osten durch eine kleine Bastion an der kleinen Donau. Vom rechten Ufer her betrat man die Insel durch ein massiges Haupttor mit zwei runden Türmchen an der Seite.

## Die Folgen der »Kleinen Eiszeit«

Die östliche Inselspitze heißt »Schwal«. Auf selber Höhe lag am rechten Donauufer bis 1677 die Anlände, der oberste Hafen der Donau, die erst von Ulm an schiffbar war. Dort vollzog sich 1570 ein grundlegender Wandel. Hatten die Ulmer bis dahin Personen und Waren auf Flößen befördert, begannen sie nun, Schiffe zu bauen. Für das nötige Knowhow engagierten sie Schiffbauer, sog. »Schopper«, aus Ingolstadt, Deggendorf und Windorf bei Vilshofen. Diese Schiffe, später respektlos »Ulmer Schachteln« genannt, erfüllten ihre gewerblichen Zwecke bis 1897.

Der Zeitpunkt, zu dem die Ulmer Fischerzunft vom Floß auf das Schiff umstieg, war sicher kein zufälliger. Er könnte zusammenhängen mit der »Kleinen Eiszeit«, die gerade eingesetzt und 1570 zur Verknappung des Holzes geführt hatte, das dadurch teurer wurde. Da auf einem Schiff, das aus drei Bäumen gefertigt war, so viel transportiert werden konnte wir auf drei Flößen, von denen jedes mehrere Bäume beanspruchte, lag die Materialersparnis auf der Hand.

Die Kleine Eiszeit trug aber auch maßgeblich zu einer Krisenstimmung in der Stadt bei, welche die Mentalität der Ulmer nachhaltig prägen sollte. Bis dahin hatte die städtische Obrigkeit noch für eine relativ liberale Umsetzung der Reformation gesorgt und den Glaubenseifer der Prediger im Zaum gehalten. Nun aber gewannen die Eiferer, an ihrer Spitze der rigorose Ludwig Rabus, allmählich die Oberhand angesichts von Missernten, Teuerungen, ständigen Seuchen und einer Kriegsangst, die sich bereits zeitig vor Ausbruch des Dreißigjährigen Krieges steigerte.

Hunger, Seuchen, Krieg – diese apokalyptische Troika bedurfte einer plausiblen Erklärung, und dafür bot sich den Reformatoren idealerweise Gottes Zorn auf seine zuchtlosen Schafe an. Auf diese Linie schwenkte schließlich auch die Obrigkeit ein, die ihren Untertanen daher immer häufiger und schärfer ein *gottgefälliges, eingezogenes Leben* befahl, gefolgt von einer Vergnügungsverbotslitanei. Die Ulmer scheinen dafür ein gewisses Verständnis aufgebracht zu haben; schließlich wollte

Der »Minnesängersaal« im sog. »Reichenauer Hof«.

man es sich ja mit dem Herrgott nicht verscherzen. Am deutlichsten sichtbar wurde dieser Mentalitätswandel an der Ulmer Fastnacht, die im 16. Jh. noch sehr lebendig war, im heutigen Ulm jedoch eher zur Kenntnis genommen als praktiziert wird. Der Volksmund hat das treffend formuliert:

> *Wenn alles friert und keiner lacht,*
> *dann ist in Ulm die Fasenacht.*

## Vorratsspeicher und Waffenkammern

In Ulms Stadtbild hat jene Zeit eine Reihe nachhaltiger Akzente gesetzt. Das auffallendste Zeugnis dafür ist das Ulmer Rathaus. Seine Fassade ist eine Art moralischer Bilderbogen (s. S. 72ff.), seit es 1540 einen neuen Nordflügel bekam. Dessen Arkade bot den Sattlern eine Ladenzeile zum Verkauf ihrer Waren und seine Erdgeschoss-Halle den Metzgern eine Markthalle. Die Schuster hingegen erhielten die ihre im 1537/38 errichteten Schuhhaus.

Älteste bekannte Darstellung eines Ulmer Fischerstechens aus dem Jahr 1794. – Kupferstich von Johann Michael Frey (Augsburg).

Daneben versah der Rat, der für die Vorratshaltung und die Verteidigung der Reichsstadt zuständig war, die Stadt mit einer Reihe von Magazinbauten für Korn, Salz, Wein und Waffen, die »Stadel« genannt wurden. Um 1592 wurde der sog. Salzstadel als Kornmagazin gebaut. Seine Erdgeschosshalle diente zeitweise auch der Vorratshaltung von Salz. An die Stelle des alten, 1407 errichteten Kornhauses wurde 1594 ein Neubau im Renaissance-Stil gesetzt. Im Erdgeschoss fand zweimal wöchentlich ein Getreidemarkt statt.

Auch das beginnende 17. Jh. bescherte Ulm noch einige markante öffentliche Bauten, etwa das Schwörhaus. Es ist das einzige weltweit, das eigens für den jährlichen Schwörakt, den öffentlichen Eid der Bürger auf die Stadtverfassung, errichtet wurde. 1612/13 an die Stelle der zum Weinstadel profanierten Pfalzkapelle gesetzt, diente es ebenfalls als Magazinbau für Wein und Getreide – und auch für Waffen und Geschütze. Für die hatte die Reichsstadt bereits 1485 den »Büchsenstadel« bauen lassen. Die eigentliche Waffenkammer der Reichsstadt

**HINTERGRUND**

**DAS ULMER FISCHERSTECHEN**

Zu den wenigen Zunftbräuchen, die eine ununterbrochene Tradition bis in die Frühe Neuzeit nachweisen können, zählt das Ulmer Fischerstechen (s. S. 89). Da der Rat im Jahr 1545 den Fischern ihren Antrag auf ein solches Turnier auf der Donau verweigert und der Protokollant dies schriftlich vermerkt hat, wissen wir, dass es damals bereits etabliert war.

Das erste historisch verbürgte Stechen fand vier Jahre später statt. Und davon gibt es neben einem mageren Ratsprotokoll-Eintrag auch einen Bericht – in spanischer Sprache, gedruckt 1554 in Antwerpen. Denn Augenzeuge dieser Veranstaltung war Prinz Philipp von Spanien, Sohn Kaiser Karls V. Er befand sich auf der Durchreise, und sein Hofberichterstatter Juan Christobal Calvete de Estrella notierte Einzelheiten jenes ungewöhnlichen Brauchs, die in seinen später gedruckten Reisebericht Eingang fanden. Ein Jahr später sah Karl V. dem Stechen zu.

War es damals noch Teil der mittelalterlich geprägten Ulmer Fastnacht, wurde es bei deren allmählicher Verödung um 1600 sukzessive in den Sommer verlegt, da es offenbar ein Prestige erlangt hatte, das seinen Erhalt nahelegte. Im Lauf der Zeit wurde es dem Festgeschehen um den Schwörtag einverleibt. Als der nach dem Ende der Reichsstadtzeit entfiel, fand das Fischerstechen nur noch zu außergewöhnlichen Anlässen statt. Nach der Wiederbelebung des Schwörmontags wurde das Stechen im 20. Jh. erneut in dessen zeitlichem Umfeld angesiedelt und findet seit 1950 in der Regel alle vier Jahre im Juli statt.

aber war das Zeughaus. Bereits 1433 erwähnt, erhielt es 1522 sein riesiges Hauptgebäude sowie 1598 den Reiterbau. Der frühbarocke Löwenbau kam 1666 hinzu.

Die Dreifaltigkeitskirche ist Ulms erste originär evangelische Kirche. Sie steht auf dem Grund des Dominikanerklosters von 1281. Nachdem die Mönche 1531 die Stadt verlassen hatten, zerfiel ihr Kloster, aber die Kirche, deren Chor noch erhalten war, wurde 1617 im Renaissance-Stil umgebaut. Sie erhielt einen Zwiebelturm, und an die Stelle der Schiffe trat eine Halle, deren Akustik berühmt war.

Auch der »private Wohnungsbau« jener Zeit ist heute noch trotz der Kriegszerstörungen von 1944 prominent vertreten, etwa im sog. »Reichenauer Hof«, dem gewaltigen Komplex östlich der Herdbrücke. 1370 von Bürgermeister Lutz Krafft erbaut, ließ der Patrizier Ulrich Ehinger um 1535 Süd- und Ostflügel hinzufügen. Bei seinen fünf Ulm-Besuchen pflegte Kaiser Karl V. dort zu wohnen. Äußerlich weniger ansehnlich, innerlich dafür umso mehr, ist das gotische Patrizierhaus, das der Kaufmann Daniel Kiechel 1601 in ein repräsentatives Renaissance-Palais hat umbauen lassen. Es beherbergt heute Teile des Museums Ulm.

Eines der gewaltigsten Gebäude, den fünfeckigen Komplex des »Neuen Baus«, setzte die Reichsstadt von 1585 an in das nördliche Pfalz-Areal. Es diente nicht nur als Magazin für Korn, Salz und Wein, sondern auch als Ersatz-Rathaus: Hier tagte der Rat, wenn das richtige Rathaus durch Sitzungen des Schwäbischen Reichskreises belegt war. Das war einer der zunächst sechs und später zehn Reichskreise, die Kaiser Maximilian 1500/12 gegründet hatte, um die Verwaltung des Reichs zu verbessern.

Im Gegensatz zum Schwäbischen Bund, der 1534 der Glaubensspaltung zum Opfer fiel, hielt der Reichskreis bis zum Ende des Reiches 1806. Er war kein freiwilliges Bündnis, sondern vom Reich eingerichtet, und vereinte, wenn auch nicht flächendeckend, weltliche und geistliche Fürsten, Prälaten, Grafen und Städte trotz ihrer unterschiedlichen konfessionellen Ausrichtung. Da die Kreise unter anderem den Landfrieden zu sichern und das Land zu verteidigen hatten, unterhielten sie Truppen. Ulm war nicht nur der Ort, an dem der Schwäbische Reichskreis vorrangig tagte, es hatte auch den Vorsitz unter den 31 Reichsstädten des Kreises und fungierte als Kreisfestung, wo die Kreisartillerie gelagert war.

# Krieg und Wissenschaft

Bis zu 16.000 Flüchtlinge hatten im Dezember 1634 Zuflucht in Ulm gefunden, das damals 19.000 Einwohner zählte. Das berichtet der berühmte Architekturtheoretiker Joseph Furttenbach in seiner Chronik. Im Ulmer Territorium tobte der Dreißigjährige Krieg. Beständig zogen fremde Heere durch, plünderten die Dörfer, brannten sie nieder und quälten die Bevölkerung, so dass zwischen 1631 und 1648 insgesamt 30 Mal Tausende von Landbewohnern in die schützenden Mauern der Stadt flohen.

Genauer gesagt waren es gar keine Mauern mehr, sondern gewaltige Erdwerke, gebaut von 1617 bis 1622 nach dem neuesten, in den Niederlanden entwickelten Stand der Festungstechnik. Mit dieser Aufgabe hatten die Ulmer den Holländer Johann van Valckenburgh betraut. Er umgab die Stadt mit acht Bastionen, die wie riesige Zacken ins Umland ragten. Sie ergänzten die drei bereits vorhandenen, die der Ulmer Festungsbaumeister Gideon Bacher 1605–1611 noch in italienischer Manier errichtet hatte. Am rechten Donauufer hätten nach Valckenburghs Plan vier weitere Bastionen stehen sollen, aber das scheiterte nicht zuletzt am Widerstand der dortigen Gartenbesitzer. Stattdessen baute 1631, als es immer brenzliger wurde, der Ulmer Festungsbaumeister Johann Faulhaber dort einen fünfeckigen Brückenkopf.

Zwar hielt die Festung dem Feind stand, aber der Tod fand dennoch hinein: 1634, als gerade wieder einmal die Bauern der Umgebung in der Stadt Zuflucht gesucht hatten, brach die Pest aus. Täglich starben bis zu 124 Menschen. Die Räder des Karrens, der morgens die Leichen einsammelte, wurden mit Filz überzogen, damit ihr Rattern nicht noch mehr Entsetzen verbreitete. Die Menschen starben wie die Fliegen: In acht Monaten des Jahres 1635 wurden 15.000 dahingerafft. Davon waren 4.033 Flüchtlinge, 2.593 Bürger, 5.072 Bettler, 9 Ratsherren, 3 promovierte Juristen, 1 Arzt und 15 in die Stadt geflohene Geistliche. Eine Teuerung vergrößerte die Not zusätzlich.

## *Wallensteins gefräßiges Gefolge*

Die ersten Vorzeichen jenes verheerenden Krieges hatten Ulm bereits zehn Jahre vor seinem Ausbruch erreicht, als 1608 der Bayernherzog Maximilian I. die protestantische Stadt Donauwörth besetzt hatte. Dies veranlasste die protestantischen Stände und Reichsstädte zur Gründung der »Union«, der Ulm bereits im folgenden Jahr beitrat. Noch im selben Jahr konterte die katholische Seite mit der »Liga«.

Angesichts der wachsenden Kriegsgefahr musste Ulm Soldaten anwerben. Diese »Garnisöner« brauchten Wohnraum. Den schuf die Stadt auf der alten Stadtmauer, die innerhalb der Bastionen weiterbestand. Auf ihrem nördlichen und westlichen Geschützwall ließ der Rat 1610 in aller Eile 174 Häuschen bauen, zu denen kleine Gärtchen gehörten, die sog. »Grabenhäuschen«. Später kamen noch 44 Wohnungen des »Soldatenstädtleins« auf der neuen Bastion »Regimentsschultheiß« hinzu, die der schon erwähnte Architekt Joseph Furttenbach geplant hatte.

Die Heere der verfeindeten Lager trafen sich 1620 vor Ulm, wo sie im »Ulmer Vertrag« einen Nichtangriffspakt auf Reichsboden schlossen, der jedoch für Böhmen nicht galt. Dort siegte kurz darauf die Liga in der Schlacht am Weißen Berg, was den Katholiken die Vorherrschaft im Reich bescherte. Ein Jahr später verließ Ulm die Union und blieb für ein gutes Jahrzehnt ohne Schutzbündnis. Das war zunächst unproblematisch, da sich der Krieg vor allem in Norddeutschland und Böhmen abspielte, auch wenn sich 1625 die Landsknechte und Reiter der Liga in Langenau einquartierten. Der nächste feindliche Einfall ins Territorium 1628 hatte längere Folgen, da berittene Einheiten drei Jahre lang um Langenau im Quartier blieben und die Umgebung plünderten.

Legendär blieb der »Besuch« des kaiserlichen und damit katholischen Generalissimus Wallenstein, der auf dem Weg nach Memmingen Ulm mit seinen Truppen und seinem

630-köpfigen gefräßigen Gefolge am 29. Mai 1630 heimsuchte. Er wohnte im Hause des Patriziers Ludwig Schad, und da er nicht gestört werden durfte, musste auch die Glocke des benachbarten Schwörhauses abgestellt werden. Die schier endlose Liste der Naturalien, die er mit seiner Entourage an zwei Tagen vertilgte, beginnt mit 75 Zentnern Rindfleisch, 100 Hammeln, 90 Lämmern, 20 Kälbern, zehn Schweinen, 280 jungen und 105 alten Hühnern, 28 Truthähnen, 84 Gänsen und endet mit rund 6 Zentnern Fischen. Dazwischen flossen über 9.000 Liter Bier und über 2.300 Liter Rheinwein.

## Unter schwedischem Kommando

Der Krieg erreichte Deutschlands Süden, nachdem der Schwedenkönig Gustav Adolf 1631 bei Leipzig die Liga besiegt hatte. Kurz zuvor hatte Ulm mit anderen evangelischen Städten des Schwäbischen Reichskreises ein Bündnis geschlossen, was dem katholischen Kaiser nicht passte. Er ließ seine Truppen nach Ulm marschieren, wo sie in Gögglingen ihr Lager aufschlugen. Die Stadt ergriff Befestigungsmaßnahmen und ließ nun den bereits erwähnten Brückenkopf am rechten Donauufer bauen. Die Kaiserlichen rückten näher, es kam zu Scharmützeln, aber schließlich zogen sie gegen eine Proviantlieferung ab.

Doch nun häufte sich der Durchzug von Truppen, was die Landbevölkerung immer wieder zwang, in Ulm Schutz zu suchen, wo sie nicht unbedingt willkommen war. Ende Februar 1632 schloss die Stadt ein Bündnis mit Gustav Adolf, der seinen Schutz versprach, als Gegenleistung aber eine Garnison von 1.200 Mann sowie die unbedingte Unterstützung seiner Truppen forderte. Damit unterstand Ulm dem Kommando des schwedischen Königs, zunächst vertreten durch Generalmajor Patrick Ruthwen, vulgo »Pater Rotwein«. Der machte die Stadt zu seiner Operationsbasis und bemängelte gleich einmal die ungenügende Befestigung der Donauseite. Der Vorschlag des mit der Planung beauftragten Johann Faulhaber wurde allerdings nicht ausgeführt, sondern die nach dessen Ansicht schlechtere Lösung.

Als schwedische Operationsbasis wurde Ulm zwangsläufig zum Ziel der katholischen Liga, welche die Stadt immer mehr drangsalierte und im Frühjahr 1635 auszuhungern versuchte. Die Lage spitzte sich dramatisch zu, bis am 20. Mai 1635 der Prager Frieden den Krieg zwischen der Liga und den evangelischen Reichsständen beendete – und damit das Bündnis mit Schweden. Die kaiserlichen Belagerer forderten Ulm auf, dem Prager Frieden beizutreten. Die im Zeughaus versammelten Bürger stimmten dem am 17. Juli zu. Noch am selben Tag verließen die Schweden die Stadt, die am folgenden Sonntag ein großes Friedensfest feierte – wenn auch zu früh, denn der Krieg war noch lange nicht zu Ende. Er tobte weiter zwischen dem Kaiser, den Franzosen und den Schweden.

Was die Bevölkerung vor allem des Territoriums zu durchleiden hatte, schrieb Hans Heberle, ein Schuhmacher aus dem Dorf Neenstetten nördlich von Ulm, in seinem *Zeytregister* nieder. Er selber ist mit seiner Familie 30 Mal in die Stadt geflohen und darüber hinaus viele Male in benachbarte Dörfer oder in die Wälder, um den plündernden und mordenden Banden aller Parteien zu entkommen, die pausenlos das Land durchzogen. In Ulm starben 1634 zwei seiner Kinder, seine Mutter, sein Bruder und drei Schwestern an der Pest.

Auch als Schweden, Franzosen und Bayern am 24. März 1647 in Ulm einen Waffenstillstand schlossen, war das Leid noch nicht vorbei. Selbst nach dem Abschluss des »Westfälischen Friedens« am 24. Oktober 1648 blieben schwedische Truppen noch ein weiteres Jahr in Ulm, bis die Stadt ihren Anteil an der Kriegsentschädigung bezahlt hatte. An diese unruhigen Zeiten erinnert der Flurname »Schwedenwäldle« im Nordosten der Stadt, nach dem der im 19. Jh. gebaute »Schwedenturm« der Bundesfestung Ulm benannt ist.

## »Die Ulmer sind Mathematiker«

Bereits zweimal ist nun schon den Name Joseph Furttenbach (1591–1667) gefallen, einmal als Chronist und einmal als Planer des Soldatenstädtleins. Sein Ruf als Architekturtheoretiker

Ulm aus der Vogelschau 1638. – Radierung von Matthäus Merian.

reicht weit über die Region hinaus. Geboren in Leutkirch und zum Kaufmann ausgebildet in Italien, lebte er seit 1621 in Ulm, wo er innerhalb von drei Jahren fünf Bücher veröffentlichte, davon eines über Festungsarchitektur. Kein Wunder also, dass der Rat ihn 1631 zum Leiter des Bauamts berief. Sofort legte er los mit zahlreichen Verbesserungsvorschlägen an den öffentlichen Gebäuden und Festungsanlagen, die er in seiner handgeschriebenen *Architectura universale* zusammenfasste.

Da deren Veröffentlichung jedoch dem Feind wertvolle Informationen geliefert hätte, ließ er 1635 eine in den Details veränderte Version als dreibändige *Architectura universalis* drucken. Ihm verdankt Ulm auch sein erstes Theater, das er 1641 in eine Kornscheuer baute und 1650 auf 1.000 Plätze erweiterte. Es war das erste Stadttheater Deutschlands und ein Zeichen dafür, dass das Geistesleben im Ulm des 17. Jhs. trotz der grauenhaften Kriegsereignisse nicht abgestorben war.

Auf einen Entwurf Furttenbachs dürfte auch die Loggia im Biergarten der *Drei Kannen* zurückgehen, dem einstigen Anwesen des reichen Kaufmanns Christoph Weickmann (1617–1681), der in diesem Garten 500 Tulpenarten züchtete. Denn eine ganz ähnliche Loggia ist abgebildet in Furttenbachs Buch *Architectura recreationis*. Weickmann, der dort das höchste Haus der Reichsstadt, das »Schlössle«, bewohnte, pflegte darin eine »Kunstkammer« mit exotischen Naturalien und Kulturgütern, deren Restbestände heute zu den Attraktionen des Museums Ulm gehören. Einzigartig ist seine Sammlung, weil Weickmann akribisch Buch geführt hat über jedes einzelne Stück und dessen Herkunft, was die Besitzer anderer »Wunderkammern« unterließen. Außerdem erfand er das »Königsspiel«, eine äußerst komplizierte Schachvariante, deren Gebrauchsanweisung ein 1664 gedrucktes Buch füllt und dem Autor ein gewisses mathematisches Denkvermögen attestiert.

Damit kommen wir zum Sprichwort *Ulmenses sunt mathematici* – Die Ulmer sind Mathematiker. Diese Erkenntnis wurzelt in jener Zeit, als nicht mehr Maler und Bildhauer Ulms kulturelle Blüte repräsentierten, sondern Architekten wie Furttenbach, Ingenieure, Mathematiker, Astronomen, Kartographen, Geographen und Mediziner. So ist der Mathematiker, Ingenieur und Festungsbaumeister Johann Faulhaber (1580–1635) als »deutscher Archimedes« in die Geschichte der Rechenkunst eingegangen. Der junge René Descartes, der 1619 als Offizier mit der katholischen Liga vor Ulm lag, nahm Kontakt zu ihm auf, besuchte ihn und zeigte sich beeindruckt von seinen Instrumenten und Erfindungen, die er dort zu sehen bekam.

Mehr als nur kollegialer Kontakt verband Faulhaber mit Johannes Kepler. Die beiden wurden 1627 vom Ulmer Rat beauftragt, das komplizierte Ulmer Maßsystem zu vereinheitlichen. Das Werk gelang. Den Entwurf in jenes neuartige Eichgefäß zu verwandeln, das als »Keplerkessel« berühmt wurde, kostete den Kupferschmied Hans Braun allerdings erhebliche Mühe. Dessen Sohn Hans Wolfgang Braun hat übrigens 1639 als erster Europäer in Japan Geschütze gegossen, zwei Bronze-Mörser.

Keplers Beziehung zu Ulm begann 1617 mit dem Briefkontakt zum Rektor des örtlichen Gymnasiums, Johann Baptist

Hebenstreit. Der empfahl ihm, zwei seiner neuen Werke in der Stadt drucken zu lassen, bei Johann Meder. Die Qualität der Ulmer Buchdrucker scheint Kepler überzeugt zu haben, denn ihnen vertraute er sein letztes großes Werk an, die Rudolphinischen Tafeln, die der Berechnung der Planeten dienten. Eigens dafür zog er 1626 für ein Jahr nach Ulm. Dabei profitierte er von der Bekanntschaft mit dem Pfarrer des nahen Mähringen, Wolfgang Bachmayer (1597–1685). Der war nicht nur Seelsorger: In Tübingen hatte er unter anderem bei Wilhelm Schickhardt Mathematik und Astronomie studiert. Ihn betraute Kepler mit der Überprüfung seines Tafelwerkes. Für Ulm besteht Bachmayers überragende Leistung in der Vermessung des Territoriums nördlich der Stadt, womit der Rat ihn 1642 beauftragt hatte. Dazu bediente Bachmayer sich der modernsten mathematischen Methoden. Im Jahr 1651 vollendete er dieses Werk.

Sein 1661 gestarteter Versuch, den Ulmer Rat zur Einführung der Gregorianischen Kalenderreform von 1582 zu bewegen, scheiterte allerdings. Seit damals unterschieden sich die Kalender der evangelischen Territorien von denen der katholischen um zehn Tage, was in Dokumenten, die Konfessionsgrenzen überschritten, stets zwei Datumsangaben erforderte. Diese Differenz zwischen dem »alten« und dem »neuen Stil« sollten die evangelischen Gebiete, darunter Ulm, erst im Jahr 1700 beseitigen.

## *Wissenstransfer: Pfarrer, Lehrer, Schulen*

Bachmayers Vorgänger auf dem Gebiet der Kartographie war der Ulmer David Seltzlin (um 1540–um 1611). 1572 hatte er seine berühmte Karte des Schwäbischen Reichskreises veröffentlicht. Sie fand Eingang in das *Theatrum Orbis Terrarum* des Abraham Ortelius, veröffentlicht 1573 in Antwerpen. Der Sohn eines Webers tat sich allerdings zunächst als Dichter hervor. 1566 verfasste er ein *Lob der Keyserlichen und weitberüempten Statt Ulm* mit zahlreichen Details über dieselbe. Vielleicht sollte der seitenlange Hymnus ihm zu der Schulmeisterstelle verhelfen, die

Szene aus dem Dreißigjährigen Krieg auf der Karte von Wolfgang Bachmayer (1653): ein Kampf zwischen schwedischen Soldaten und einheimischen Bauern und Soldaten am 16. August 1646.

**WARUM DIE ULMER »KÜHDRECKFRESSER« HIESSEN**

Das sechsbändige »Schwäbische Wörterbuch« teilt unter dem Stichwort »Kühdreckfresser« mit, dass diese unappetitliche Bezeichnung den Ulmern gelte. Das weiß heute Gott sei Dank niemand mehr. Diesem anrüchigen Spottnamen liegt jedoch ein wahres Ereignis zugrunde, das Joseph Furttenbach in seiner Chronik festgehalten hat: In der Fastnachtszeit 1641, so berichtet er, habe sich ein Adliger namens Schlamersdorffer zum wiederholten Mal in Ulm aufgehalten, wo seine Freigiebigkeit stets eine Meute Schmarotzer anlockte. Denen habe er irgendwann versprochen, sie müssten eines Tages ihm zu Ehren einen Kuhfladen verspeisen. Als sie ihn wieder einmal bis in die Prominentenherberge »Krone« verfolgten, wo er logierte, besorgte er eine Pastetenkachel, füllte sie im Stall mit Kuhdreck, den er in der Küche mit Eiern, Mutschelmehl und Gewürzen vermengen ließ. Diese Masse wurde teils auf Schnitten gestrichen, teils zu Würsten verarbeitet. Die ließ er dann den Damen und Herren vorsetzen, die sie mit größtem Appetit verspeisten.

Dummerweise war ein Nürnberger Meistersinger Zeuge dieser Szene, und der verarbeitete sie umgehend zu einem Lied von neun Strophen zu je zehn Zeilen, die Furttenbach wörtlich wiedergibt. Dreimal erscheint darin das Schlüsselwort »Kühdreckfresser«. Den Gipfel des Spotts erreicht der Dichter mit der Feststellung, dass die Bauern, wenn sie davon wüssten, sauer auf die Ulmer sein würden, denn wenn nun alle Welt anfinge, Kuhdreck zu fressen, habe der Bauer den Schaden, weil ihm nichts mehr bliebe, womit er seinen Acker düngen könne.

Alles andere als lustig endete die Geschichte aber für Personal und Wirtsleute der »Krone«. Die Köchin wurde ins Gefängnis geworfen und anschließend des Territoriums verwiesen. Auch der Wirt und seine Frau kamen hinter Gitter und erhielten, wie Furttenbach mitteilt, ein generelles Berufsverbot. Am glimpflichsten von allen aber kam Herr von Schlamersdorffer davon (Tatsächlich hieß er Hanns Ludwig von Schlammersdorf, wie aus den Ratsprotokollen zu diesem Vorfall hervorgeht.): Der Anstifter des Skandals war mittlerweile abgereist und musste lediglich in Kauf nehmen, dass er die Stadt der »Kühdreckfresser« nie wieder betreten durfte.

er dort im folgenden Jahr antrat. Allerdings geriet das Werk später als *Lobspruch des Onophrius Miller* zu Bekanntheit, da jener Miller, ein Freund Seltzlins, es (schlecht) abgeschrieben und, mit seinem eigenen Namen versehen, der Nachwelt hinterlassen hat, während das Original im Archiv vergessen wurde. Zu den bekannten Verdiensten Seltzlins gehört, dass er in seinem Schüler Johann Faulhaber das Interesse an der Mathematik weckte.

Auf einem anderen Zweig der Geographie, der Landesbeschreibung, hat sich der gebürtige Steiermärker Martin Zeiller (1589–1661) hervorgetan. Mit seinem protestantischen Vater war er 1629 als Glaubensflüchtling nach Ulm gelangt, wo er das Gymnasium besuchte, an dem er später selbst wirkte, bevor er 1643 zum Inspektor der deutschen Schulen befördert wurde. 1632 erschien sein *Itinerarium Germaniae oder Reisebeschreibung durch Deutschland*, bekannt als »erster deutscher Baedeker«, und danach Reisebeschreibungen Frankreichs, Englands, Spaniens, Italiens und der Schweiz. Sein Hauptwerk aber waren die Texte, die er für die zahlreichen Bände von Matthäus Merians *Topographia Germaniae* verfasste, die von 1642 an erschienen, darunter als zweiter die *Topographia Sueviae*.

Zu den damaligen Wissenschaftsautoren von überregionaler Bedeutung zählt auch der Ulmer Stadtarzt Johannes Scultetus (1595–1645), der aus der Fischer- und Schifferfamilie Schultheiß stammte. Er verfasste das erste neuzeitliche Lehrbuch der Chirurgie, das *Armamentarium Chirurgicum*, postum erschienen 1655, worin er die zeitgemäßen Operationsmethoden und -instrumente beschreibt und abbildet.

Ein Großteil dieser Kulturleistungen erfolgte, wie die Jahreszahlen verraten, während des Dreißigjährigen Krieges. Einige der erwähnten Protagonisten verdienten ihr Geld als Lehrer an den Ulmer Schulen, die sich damals im Umbruch befanden. Die bereits im 14. Jh. existierenden Deutschen Schulen (Volksschulen) erhielten 1593 eine Schulordnung. Auf ein eigenes Gebäude mussten sie bis 1641 warten. Nach Plänen von Joseph Furttenbach umfasste es zwei große Schulräume, einen für Buben, einen für Mädchen.

Ulms nachweislich älteste Lehranstalt ist die schon 1294 erwähnte Lateinschule, Vorläuferin des heutigen Humboldt-Gymnasiums. Die Schulordnung, die Superintendent Ludwig Rabus 1557 erließ, sah fünf Klassen mit humanistischem Bildungsprogramm vor. Eine neue Schulordnung definierte 1613 nicht nur den erweiterten Lehrplan, der den Wandel von der Lateinschule in ein Gymnasium einleitete, sondern auch Dinge wie den Unterhalt für arme Schüler, deren es viele gab.

Ein Jahr später trat mit dem neuen Superintendenten Conrad Dieterich (1575–1639) eine Geistesgröße an die Spitze des Ulmer Kirchen- und Schulwesens, die beide nachhaltig prägte. Dieterich war es, der das Gymnasium 1622 zur Akademie mit universitärem Anspruch ausbaute. Anlass dafür war der vier Jahre zuvor entflammte Dreißigjährige Krieg, der ein Studium auswärts teurer und gefährlicher machte. Umgekehrt versprach sich Ulm von einer Akademie auch Studenten aus anderen evangelischen Territorien. Dieser Umbau bereicherte die inzwischen sieben vom Rektor geleiteten Klassen des Gymnasiums um die akademischen *lectiones publicas* unter der Leitung des jeweiligen Superintendenten. Damit hatte Ulm bis Ende der Reichsstadtzeit sein »Gymnasium academicum«, das den nächsten Schritt zur Universität allerdings nicht schaffte.

# Der Niedergang der Reichsstadt

Bepackt mit Körben, Säcken, Hühnerkäfigen und was die Landbevölkerung sonst in der Stadt zu vermarkten pflegte, bewegte sich am frühen Morgen des 8. September 1702 eine Schar von Bäuerinnen und Bauern aufs Gänstor zu. Zu spät bemerkten die Wachen, dass in den Bauernkitteln schwer bewaffnete bayerische Offiziere steckten. Zwar schoss einer von ihnen beim anschließenden Handgemenge versehentlich den eigenen Anführer in den Unterleib, was der nicht überlebte, aber der Überfall gelang. Denn die Torwache zählte nur 13 Mann, und sofort rückten die bayerischen Dragoner nach, von denen jeder einen Infanteristen hinter sich auf dem Pferd sitzen hatte. Zwar hatten sich bereits die 3.000 Mann starken Bürgerkompanien gesammelt, um auf die Eindringlinge loszuschlagen. Aber die beiden Kriegsherren des Rates stellten sich vor die Mündungen der eigenen Kanonen, um ein Blutbad und ein brennendes Inferno zu verhindern. Der Rat unterzeichnete die Kapitulation. Am 11. September rückte der bayerische Kurfürst Max Emanuel an, der sich zunächst in Offenhausen in dem für seinen guten Würzburger Wein bekannten Wirtshaus *Zum Bauerngarten* einquartierte.

Was hatte ihn veranlasst, Ulm zu besetzen? Am 1. November 1700 war König Karl II. von Spanien kinderlos gestorben. In seinem Testament hatte er Herzog Philipp von Anjou zum Nachfolger eingesetzt, Sohn des französischen Thronfolgers Ludwig und seiner bayerischen Frau Maria Anna Victoria. Dagegen protestierte der deutsche Kaiser Leopold I., der die Krone für seinen Sohn Karl beanspruchte. Mit ihm, dem Habsburger, verbündeten sich England und Holland, während Bayern zu Frankreich hielt. So begann im Juli 1701 der Spanische Erbfolgekrieg, der nachhaltig zum Ruin Ulms beitrug.

## Der »Ulmer Gulden«

Es blieb nicht bei der bayerischen Besatzung. Im Mai 1703 okkupierten die Franzosen Ulm mit 5.000 Mann, deren Respektlosigkeit die Bevölkerung erboste, etwa, als einer von ihnen während eines Gottesdienstes ins Münster einritt und den Prediger als Lutheraner beschimpfte. Im folgenden Jahr wurde es noch wesentlich schlimmer: Der Oberbefehlshaber Marquis de Blainville, der nun die Geschicke der Stadt bestimmte, forderte von den Ulmern 265.106 Gulden Kontributionen und kurz darauf, unter Androhung einer *militärischen scharfen Execution*, weitere 150.000 Gulden.

Um die aufzubringen, mussten die Bürger Silbergeschirr, Miederketten und Familienschmuck abliefern. Das wurde eingeschmolzen zur eiligen Herstellung der »Ulmer Gulden«, die wegen ihrer quadratischen Form berühmt sind. Die ist jedoch typisch für die »Klippen«, das schnell geprägte Notgeld jener Zeit. Diese Not erhellt auch aus der Inschrift *Da pacem nobis domine*, auf Deutsch: »Herr gib uns Frieden«, die den Ulmer Gulden kennzeichnet.

Wieder war die Stadt von Truppen der feindlichen Parteien umgeben, die sich am 13. August 1704 bei Höchstädt eine Schlacht lieferten, deren Verwundete ins Ulmer Lazarett eingeliefert wurden. Die kaiserlichen Truppen beschossen die immer noch besetzte Stadt tagelang, bis die Besatzer kapitulierten und Ulm am 13. September 1704 verließen. Damit war vorerst Ruhe, bis im Juni 1707 erneut französische Truppen das Ulmer Gebiet heimsuchten, wobei Mähringen und Beimerstetten in Flammen aufgingen.

Dieser 1714 beendete Krieg hatte ein Riesenloch in die Stadtkasse gerissen, das nicht mehr zu stopfen war. Als die Stadtregierung nach Friedensschluss die Kosten der Besatzung sowie der Schäden durch Raub, Brand und Plünderung zusammenzählen ließ, ergab sich eine Schadenssumme von 2,75 Mio. Gulden. Bis zum Ende der Reichsstadtzeit hat sich Ulm von diesem Schlag nicht mehr erholt. In welch verheerendem Zustand sich der Stadtsäckel im 18. Jh. befand, zeigt die Perückensteuer, mit welcher die Stadt zwischen 1706 und 1709 verzweifelt versuchte, Einnahmeausfälle aus dem Handelssektor einigermaßen aufzufangen.

## Truppen und Emigranten auf der Donau

Die Steuern und Gebühren, mit denen die Reichsstadt ihre Ausgaben zu finanzieren versuchte, trafen auch die Landbevölkerung. Kein Wunder, dass viele Menschen beim Versuch, der Not zu entkommen, das Ulmer Territorium verließen, um als Auswanderer ihr Heil in Ungarn zu suchen. Denn nach dem Ende des Großen Türkenkriegs und der Vertreibung der Osmanen aus den von ihnen besetzten Donauländern wurden dort Siedler gebraucht. Nachdem die Rebellion des ungarischen Adels gegen die neue habsburgische Oberhoheit 1711 mit dem Frieden von Sathmar beendet worden war, konnte sich 1712 die erste große Auswanderungswelle in Bewegung setzen. Die später sog. »Donauschwaben«, darunter zahlreiche Franken, Schweizer, Elsässer, Lothringer, Pfälzer und Hessen, sammelten sich in Ulm. Die Schiffe, auf denen sie mit ihrer Habe reisten, so genannte »Wiener Zillen«, fassten bis zu 250 Personen.

War Ulm auch in den folgenden Jahrzehnten die Drehscheibe der Auswanderer donauabwärts, so war die Stadt zuvor schon Sammelpunkt derer gewesen, welche diese Auswanderung überhaupt erst ermöglicht hatten: der Truppen des Schwäbischen Reichskreises. Die wurden erstmals 1664 bei Söflingen gemustert, bevor sie auf der Donau an ihr Einsatzziel Ungarn verschifft wurden.

Ein Jahr zuvor, im Juli 1683, hatten die Osmanen Wien erreicht. Diesmal wurden die Truppen des Schwäbischen Kreises – 4.000 Mann zu Fuß und 1.000 zu Pferd – am rechten Donauufer gesammelt, auf dem »starken Feld« zwischen dem Schießhaus und Wiblingen. Das war am 30. August »alten Stils«, den Ulm noch pflegte, was dem 9. September des neuen gregorianischen Kalenders entsprach. Mit den Schiffen und Flößen, die sie anschließend bestiegen, konnten sie die Schlacht am Kahlenberg nicht mehr erreichen, denn die wurde am 12. September geschlagen, und die Fahrt dorthin dauerte acht bis zehn Tage. Sie könnten aber an der Befreiung von Gran beteiligt gewesen sein, dem heutigen Esztergom. Auf den Tag genau ein Jahr später, am 30. August 1684, legten in Ulm weitere Kreistruppen ab, um Ofen (ungar. Buda) zu befreien, den rechts der Donau gelegenen Teil Budapests.

Die Transporte Tausender von Soldaten und später Auswanderer zeugen von der Leistungsfähigkeit der Ulmer Schiffbauer, »Schopper« genannt, sowie der Ulmer Schiffleute, die alle in der Fischer- und Schifferzunft vereint waren. Diese Schaffenskraft stellten sie erneut eindrucksvoll unter Beweis, als am 26. September 1745 ein kaiserlicher Kurier bei ihnen eintraf und mitteilte, dass in drei Wochen der soeben gekrönte Kaiser Franz I. mit seiner Gemahlin Maria Theresia in Ulm eintreffen würde, um sich samt Gefolge auf der Donau nach Wien transportieren zu lassen. Das bedeutete, dass in diesem Zeitraum 32 Schiffe bereitzustellen waren, darunter ein etwa 31 m langes Leibschiff mit vier Zimmern, das auch noch mit angemessenem barockem Zierrat versehen wurde.

Der Zeitplan wurde eingehalten. Am 19. Oktober um 6 Uhr morgens legte der Konvoi ab, gelenkt von 250 Schiffleuten. Die damals noch frei fließende Donau bot erhebliche Gefahrenstellen wie den berüchtigten Strudel von Grein. Den passierten die Schiffe am 25. Oktober gegen 15 Uhr, wobei den Majestäten wohl etwas mulmig wurde, wie dem Fahrtbericht zu entnehmen ist. Der Transport kostete 1.400 Gulden, für welche der Ulmer Steuerzahler aufkam – und das in einer Zeit, als die desolate Finanzsituation der Stadt sich infolge des Österreichischen Erbfolgekriegs (1740–1748) weiter verschärft hatte.

## Die Bürger begehren auf

Mit dem Siebenjährigen Krieg (1756–1763) nahmen die Ausgaben weiter zu. Katastrophale Missernten 1770/71 führten zu enormen Teuerungen und Hungersnot. Der Rat musste zur Versorgung der Einwohner Getreide zu Höchstpreisen ankaufen, bis der Stadtsäckel vollends leer war. Um ihn wieder aufzufüllen, verkaufte der Rat 1773 unter anderem Ulms Herrschaft Wain sowie Bruchmetall in Gestalt alter Kanonen. Doch die Ausgaben kletterten weiter, bis sie 1774/75 ihren vorläufigen Höchstwert erreichten. Nach kurzer Erholung stiegen sie erneut, um gegen Ende des Jahrhunderts infolge der Revolutionskriege weitere Spitzen zu erklimmen. Etwa die Hälfte davon diente der Schuldentilgung, zeitweise traten die Kosten für das Kriegswesen an die zweite Stelle der Ulmer Passiva. Auf der Einnahmenseite schlug die Krise des Leinwandhandels infolge der schlesischen Konkurrenz negativ zu Buche.

In dieser Daueranspannung begann es in der Bürgerschaft zu gären. Der Versuch, die Finanzen durch eine neue Steuerordnung zu sanieren, die Gewerbetreibende, also Zünftler, belastete und Großgrundbesitzer, also Patrizier, entlastete, rief 1778 die Bürger auf den Plan. Sie beriefen sich auf ihr im Schwörbrief garantiertes Mitbestimmungsrecht in dieser Sache, das ihnen der Rat verweigerte. Sie gründeten einen Ausschuss und zogen vor den Reichshofrat in Wien, eine der beiden höchsten Instanzen im Reich. Damit begann ein jahrelanges Verfahren. Es endete 1787 mit einem Vergleich, den der Bürgerausschuss annahm, obwohl er zu seinem Nachteil war. Die hohen Prozesskosten hatten ihn dazu gezwungen. Damit war auch der Versuch gescheitert, durch Mitbestimmung oder wenigstens Transparenz die Vorherrschaft der wenigen patrizischen Familien zu mindern, denen Vetterleswirtschaft und Korruption vorgeworfen wurde.

Der Mangel an Transparenz hatte eine innerstädtische Revolte zur Folge, die als »Kanonenarrest« in die Stadtgeschichte eingegangen ist: Ohne die Bürgerschaft darüber zu informieren, hatte der Rat in der Nacht vom 8. auf den 9. August 1794 fünf Kanonen aus dem Zeughaus schaffen lassen, die der Schwäbische Reichskreis am Rhein gegen die französischen Revolutionsheere einsetzen wollte. Eine kleine Gruppe beherzter Bürger stellte sich dem in den Weg und zog die Kanonen zurück ins Zeughaus. Es gab einen Menschenauflauf. Die Bevölkerung bekundete den Anführern offen ihre Sympathie, als die in den folgenden Tagen verhört wurden.

Ein Grund für die Aufregung war, dass die Bürger ihr Mitbestimmungsrecht verletzt glaubten, das ihnen der Schwörbrief in Fragen der inneren Sicherheit garantierte. Ein anderer Grund war, dass Teile der Bürger Sympathie zur Französischen Revolution von 1789 hegten, deren Truppen aufgebrochen waren, die Revolution über den Rhein zu tragen. Zu ihnen gehörte der Säckler Kaspar Fesslen, der dafür mehrfach hinter Gittern landete. Er nahm die Kanonenaffäre zum Anlass für eine Flugschrift, die unter anderem eine wörtliche Übersetzung der Menschen- und Bürgerrechtserklärung von 1789 enthielt, den Magistrat kritisierte und eine demokratische Auslegung des Schwörbriefs von 1558 forderte.

Um den Aufruhr zu besänftigen, erkannte der Rat den 52-köpfigen Bürgerausschuss an, den die Zünfte Ende August 1794 gewählt hatten. Dessen Forderungen waren dem Rat aber zu radikal, weshalb er den Reichshofrat in Wien anrief. Der löste den Ausschuss wieder auf. Die Folge war, dass die Bürgerschaft, diesmal unterstützt vom städtischen Juristenkollegium, beim Reichshofrat klagte, der im September 1795 einen neuen Bürgerausschuss genehmigte. Dem verweigerte der Rat allerdings die Anerkennung und ignorierte daher seine Bitten, Beschwerden und Reformvorschläge.

Das änderte sich schlagartig, als im August 1796 französische Truppen Ulm erreichten. Zuvor hatten die zurückweichenden Österreicher auf Befehl ihres Erzherzogs Karl das Zeughaus geräumt, dessen Inventar der ganze Stolz der Reichsstädter war. Die Waffen sollten den Franzosen nicht in die Hände fallen. Bevor sie einrückten, revolutionierte Ulm seine Hausnummerierung: Damit für die Einquartierungen jedes Gebäude identifizierbar war, wurde die Stadt in vier Viertel, A, B, C und D, eingeteilt und jedes Haus mit einer Nummer versehen, von A 1 bis D 406.

Am 4. August besetzten die Franzosen die Stadt. Sie verlangten eine halbe Million Gulden Kontributionszahlungen. Die aber konnte der Rat unmöglich ohne die Hilfe der Bürgerschaft eintreiben. Daher war er nun zur Anerkennung der 52-köpfigen Bürgerdeputation bereit. Das änderte sich wieder, als sich die Franzosen kurz danach vor den Österreichern zurückzogen. Der Zwist brach in aller Schärfe aus, bis der

Reichshofrat im Juli 1797 den Rat aufforderte, den Bürgerausschuss anzuerkennen, was im folgenden Januar geschah.

Doch das Spiel ging weiter wie gehabt: Der Ausschuss formulierte Beschwerden, die auf das Ende des alten Systems zielten, der Rat lehnte sie ab und berichtete nach Wien, wo dann die Bürger ihre Position vertraten, und der Reichshofrat entschied. Parallel dazu arbeitete der Bürgerausschuss an neuen Verfassungsentwürfen, die getragen waren vom Gedanken der Volkssouveränität und von denen einer die vollständige Aufhebung der Stände und einen bürgerlich-demokratischen Staat forderte. Dieser »zweite Bürgerprozess« brach 1802 ab, als Napoleon Ulms Reichsstadt-Ära und damit deren patrizisches Regiment beendete.

## Die Ulmer Aufklärer

Das Aufbegehren der Bürger im späten 18. Jh. war nicht einfach eine Auswirkung der Französischen Revolution. Schon vor ihr hatte die Aufklärung Wirkung gezeigt. In den Bürgerprozessen offenbarte sich eine völlig neue Koalition: Die zünftischen Gewerbe- und Handeltreibenden verbündeten sich mit den Intellektuellen in der exponierten Gestalt der Ratskonsulenten. Die unterstanden als städtische Angestellte zwar dem patrizisch dominierten Rat, handelten aber dessen Interessen in den Bürgerprozessen zuwider. Auch Ärzte, Pfarrer und Professoren beteiligten sich an diesem Schulterschluss.

Einige Mitglieder jener Avantgarde würdigt der Berliner Buchhändler und Aufklärer Friedrich Nicolai in seiner *Beschreibung einer Reise durch Deutschland und die Schweiz im Jahre 1781*. Das ist insofern bemerkenswert, als Nicolai in seinem langen, mit reichem statistischem Material angereicherten Kapitel über Ulm gerne kübelweise Hohn und Spott über alles gießt, was ihm rückständig erscheint, etwa das örtliche Armen- und Almosenwesen. *Das macht die Leute sorgloser, vermehrt den Müssiggang und das unverhältnißmäßige Wohlleben, welches der Nahrung und folglich dem Wohlstande des Ganzen hinderlich ist.*

Vier der Persönlichkeiten, die Nicolais volle Anerkennung finden, sind Münsterprediger und Professoren am Gymnasium: Johann Michael Affsprung (1748–1808), Johannes Kern (1756–1801), Johann Martin Miller (1750–1814) und Johann Christoph Schmid (1756–1827). Den revolutionären Pädagogen Affsprung lobt er geschlagene fünfeinhalb Seiten lang. Höchste Anerkennung finden auch Miller, Mitbegründer des Göttinger Hainbundes und Autor des 1776 erschienenen internationalen Bestsellers *Siegwart. Eine Klostergeschichte*, sowie Schmid, der später das *Schwäbische Wörterbuch* verfasste. Kern gab das *Schwäbische Magazin zur Beförderung der Aufklärung* heraus, das er mit dem programmatischen Aufsatz *Ueber Aufklärung* eingeleitet hatte. Ferner rühmt Nicolai seinen Kollegen, den Buchhändler Konrad Friedrich Köhler, sowie den Buchdrucker Christian Ulrich Wagner: Dessen Druckerei gehöre *unter die vorzüglichsten Deutschlands*. Kein Wunder, schließlich verlegte Wagner Aufklärer wie Kant, Klopstock, Wieland und Molière sowie Periodika wie die *Deutsche Chronik* von Christian Daniel Friedrich Schubart (1739–1791), den Nicolai allerdings weniger schätzte. Der Journalist, Dichter und Musiker hatte 1775 in Ulm Zuflucht gefunden, nachdem er wegen seines Lebenswandels zwei Jahre zuvor aus Württemberg und wegen seiner giftigen Feder ein Jahr zuvor aus Augsburg ausgewiesen worden war. Nun publizierte Schubart seine *Teutsche Chronik* in Ulm. Doch weil er das württembergische Herrscherhaus denunzierte und verspottete, wurde er 1777 von dessen Agenten aus der Reichsstadt gelockt, verhaftet und zehn Jahre lang auf dem Hohenasperg eingesperrt.

Neben der *Teutschen Chronik* gab es damals schon eine ganze Reihe von Zeitungen in Ulm. Die erste, die von 1752 an regelmäßig erschien, war der *Ordentlich-Wochentliche Ulmische Anzeigs-Zettel*, der später in *Ulmisches Intelligenzblatt* umgetauft wurde. An überregionalen Zeitungen existierte bereits 1754 die *Extraordinaire Friedens-, Kriegs- und Siegs-Zeitung* sowie von 1774 an das *Real-Wochenblatt aus Schwaben*. Nachdem Schubart 1777 verhaftet worden war, führten unter anderem Miller, Köhler sowie Johann Herkules Haid, von dem noch die Rede sein wird, die *Teutsche Chronik* weiter.

Auf den Schopperplätzen am rechten Donauufer wurden die Zillen gebaut. Im Hintergrund das Schützenhaus. – Gouache (um 1790) von Johann Andreas Schneck.

## Die ersten Vereine

Bücher und Zeitschriften waren die Transportmittel der Aufklärung, aber sie waren teuer. Deswegen fanden sich interessierte Kreise zu Lesezirkeln zusammen. Ein besonders anspruchsvoller, weit mehr als ein ökonomisches Zweckbündnis, war die *Ulmische Lesegesellschaft*, gegründet im Revolutionsjahr 1789. In ihrer Mitgliederstruktur nahm sie die moderne Gesellschaft vorweg, indem ihr, frei von Standesgrenzen, sowohl Patrizier als auch Besitz- und Bildungsbürger angehörten. Ihre Statuten rückten die Gleichheit aller Mitglieder sowie die *Vorzüge des Geistes* in den Vordergrund, was sogar Herrn Nicolai imponierte. Die Gründer der Gesellschaft hatten bereits zuvor erste Erfahrungen im damals noch neuen Vereinswesen gesammelt: Vier von ihnen hatten im selben Jahr die Freimaurerloge *Astraea zu den drei Ulmen* gegründet. Obwohl äußerst elitär, was die Mitglieder betraf, die teilweise der Machtelite angehörten, ging es auch ihr um die Aufhebung der Standesgrenzen. Aber der Rat verbot sie 1794 als Geheimbund, das zu sein die Loge allerdings abstritt. Nach Ende der Reichsstadtzeit wieder erlaubt, durchlebte sie weitere Verbote und Wiederzulassungen.

Noch älter war die 1786 ins Leben gerufene *Mittwochsgesellschaft*. Sie hatte keinen besonderen Vereinszweck, war aber die erste ständeübergreifende Vereinigung in Ulm, in der sich Patrizier und nichtpatrizische Mitglieder der Intelligenz und des Geldadels zusammenfanden, um freien Meinungsaustausch zu praktizieren. Zuvor hatte das Patriziat in der Bürgerstube oder Oberen Stube sein exklusives Domizil, während sich die beiden reichsten Zünfte, die Kaufleute und Kramer, in der Unteren Stube trafen, zu der auch die Akademiker Zutritt hatten. Die übrigen Zünfte besuchten ihre eigenen Zunftstuben.

Einen vordergründig hedonistischen Vereinszweck, nämlich das Kegeln und die Erholung im vereinseigenen Garten, verfolgte die 1793 gegründete *Ulmer Gartengesellschaft*, die freilich auch das »freie Wort« auf ihre Fahnen geschrieben hatte. Kein Wunder, kannte man ihre Mitglieder doch bereits von den Freimaurern, der Lesegesellschaft und dem Bürgerausschuss. 1797 erwarb die Gesellschaft einen Garten am rechten Donauufer an der Stelle der heutigen Neu-Ulmer Hauptpost, der bis zu seiner Zerstörung ein Zentrum gesellschaftlichen Lebens blieb. Nach der Grenzziehung und der Gründung Neu-Ulms wirkte er weiterhin grenzüberschreitend, bis der Gesellschaftsgarten den Bomben des Zweiten Weltkriegs zum Opfer fiel.

## Naherholung rechts der Donau

Damit ist eine der Hauptfunktionen des nachmaligen Neu-Ulm im 18. Jh. angesprochen: Naherholung für die Reichsstädter. In seiner 1786 veröffentlichten Stadtbeschreibung *Ulm mit seinem Gebiete* teilt Johann Herkules Haid über das rechte Donauufer als erstes mit, dass dort das Schützenhaus steht, wo die bürgerliche Schützengesellschaft einmal wöchentlich Schießübungen und mehrmals im Jahr Freischießen veranstaltet. Schöne Alleen lockten zum Spaziergang dorthin, wo ein Wirt seine Gäste mit *guter Speise und Trank* bewirtete. Tatsächlich entwickelte sich das Schießhaus, an dessen Stelle heute die Weststadtschule steht, zu einem der beliebtesten Ulmer Ausflugsziele.

Der Ulmer Hafnermeister Septimus Rommel (1778-1846) hat mit seinen Figuren die Ulmer Trachten seiner Zeit dokumentiert, auch die äußerst merkwürdigen, die bei Ulmer Leichenbegängnissen üblich waren.

Das rechte Ufer auf Höhe der Altstadt war der Arbeitsbereich der Schifferzunft, die dort neben dem Schiffbau einen regen Holzhandel betrieb. Sonst erwähnt Haid neben der Schiffsanlände auf dem Schwal noch *sehr viele Baum und Krautgärten*. Die weitere Umgebung rechts der Donau schildert er im Kapitel *Riedzaum*. So hieß der Bezirk, dessen Orte das große Ried säumten, woraus wohl der Name entstanden ist. Der ulmische Amtmann saß in Pfuhl, das zudem Pfarrort war. Auch Pfuhl habe, so betont Haid, seinen Schwörtag, an dem die Pfuhler dem Ulmer Herrschaftspflegamt den Eid der Treue schwören. Termin war Donnerstag vor Laurenzi (10. August), also vier Tage vor dem Ulmer Schwörtag. Zu den Pfuhler Pfarrkindern zählte auch der Ulmer Scharfrichter, dessen Anwesen gegenüber der heutigen Friedrichsau am Donauufer lag. Dort, auf dem halbkreisförmigen Gelände nördlich der Fußgängerbrücke, wo heute der SV Offenhausen zu Hause ist, betrieb er mit seinen Knechten die Abdeckerei.

Etwas weiter flussabwärts lag ein weiterer beliebter Ausflugsort, das Steinhäule, wo das Bier des Pächters so gut schmeckte, dass man auch die Schnaken und Blutegel in Kauf nahm. Von dort war es nicht weit zum Striebelhof, der als Reichenauischer Besitz schon in einer Urkunde von 1239 er-

Die Schwanenwirtin – Aquarell von Julius Füsslen – und ihr von Goldschmiedemeister Johann Conrad Sandberger gefasstes Glas.

wähnt ist und somit ebenso zur Neu-Ulmer Ur-Substanz gehört wie der nahe der Iller gelegene Gurrenhof. Haid nennt ihn »Vohlen-« oder »Gurrenhütte«. »Gurre« ist eine alte Bezeichnung für die Stute (daher das Schimpfwort »Biss-Gurr«), was an die frühere Nutzung als Pferdezuchtanstalt erinnert. Und von Offenhausen weiß er zu berichten, dass es dort zwei Wirtschaften und eine Braustatt, das »Schlösslein«, sowie eine Weinwirtschaft gibt.

Haids detaillierte Stadtbeschreibung haben mehrere Künstler auf ihre Weise ergänzt. Unter den Zeichnern und Malern ist Johannes Hans zu erwähnen, ein aus Straßburg zugereister Maler und Kupferstecher. Ihm verdankt Ulm eine ganze Reihe von Stadt- und Detail-Ansichten aus der Zeit, in der Ulm sich von einer Reichsstadt erst in eine bayerische Provinzhauptstadt und dann in eine württembergische Provinzstadt verwandelte. Seine Stadtansichten, die auch Vergnügungsstätten wie das Steinhäule umfassen, werden ergänzt durch die Tonfiguren des Ulmer Hafnermeisters Septimus Rommel. Diese kulturhistorisch einmaligen kleinen Kunstwerke (s. S. 113) dokumentieren detailgetreu, teilweise in kleinen Szenarien, die Kleidung, welche die Ulmer Bürger im Alltag oder zu besonderen Anlässen trugen, etwa zu vornehmen Begräbnissen. Damit hat Rommel unwissentlich Nicolais Reisebeschreibung illustriert, worin der Berliner gleichermaßen fasziniert und befremdet über zehn Seiten die *Ulmische Art der vornehmen Leichenbegleitung* detailliert schildert und ihr attestiert, *einzig in ihrer Art* zu sein.

**DIE SCHWANENWIRTIN**

Nachdem es den Bayern im Spanischen Erbfolgekrieg anno 1702 gelungen war, die Stadt zu besetzen, feierten die bayerischen Besatzungsoffiziere am 15. März 1703 im Ulmer Wirtshaus zum Schwanen auf dem südlichen Weinhof die Eroberung von Kehl und Neuburg durch die verbündeten Franzosen. Sie wurden nicht müde, den französischen Sonnenkönig und den bayerischen Kurfürsten Max Emanuel hochleben zu lassen und die Gläser hinaus auf die Gasse zu schmeißen, so dass dort unten kein Mensch mehr sicher war. Im Übermut forderten sie auch noch die Schwanenwirtin Sabina Heilbronnerin auf, es ihnen nachzutun.

Die griff tatsächlich zum Glas, trank es aus und warf es mit dem Ruf *Vivat Leopoldus!* durchs Fenster auf den Weinhof hinunter. Leopold aber war der deutsche Kaiser. Diese Unbotmäßigkeit sorgte erst recht dadurch für Aufsehen, dass das Glas völlig unversehrt *auf zweyen spitzigen Steinen aufrecht* stehengeblieben ist, wie ein Chronist mitteilt. Die Bayern reagierten zunächst *mit Entsetzen und Verwundern*, qualifizierten aber die Ankündigung der Schwanenwirtin, sie werde dieses Glas ihr Lebtag zum Andenken an den rechtmäßigen Herrscher aufbewahren, als *Weiber-Geschwätz* und zogen unmutig ab, um anderswo zu feiern.

Das Glas wurde später vom Ulmer Goldschmiedemeister Johann Conrad Sandberger gefasst. Es gehört heute dem Württembergischen Landesmuseum Stuttgart.

# Die Teilung Ulms

Am Sonntag, dem 20. Oktober 1805, gegen halb vier Uhr nachmittags, saß der Maler und Kupferstecher Johannes Hans auf dem Turm des Neutors und hielt mit seinem Stift eine historische Szene für die Nachwelt fest. In etwa 640 m Entfernung, auf einem Felsen des Kienlesbergs, sah Napoleon hoch zu Ross zu, wie 23.000 besiegte österreichische Soldaten gesenkten Hauptes an ihm vorbeizogen und ihre Gewehre auf einen Haufen warfen. Das Bild zeigt, wie das österreichische Heer unter der Aufsicht von 40.000 aufgereihten französischen Soldaten Ulm durch das Frauentor verlässt, am Fuß der Frauensteige nach links schwenkt, an Napoleon vorbeidefiliert, um dann, bevor es durch das Neutor in die Stadt zurückkehrt, die Waffen zu strecken.

Diese Szene, die als »Kapitulation von Ulm« in die Geschichte eingegangen ist, kennzeichnet einen entscheidenden Erfolg Napoleons im Dritten Koalitionskrieg. Am 25. September 1805 hatte sein Heer den Rhein überschritten. Um es aufzuhalten, rückten die Österreicher nach Ulm vor. Im Gefecht bei Haslach, 8 km nordöstlich von Ulm, waren sie noch erfolgreich, scheiterten dann aber katastrophal. Die Entscheidungsschlacht von Elchingen am 14. Oktober, die Napoleon den Weg nach Austerlitz freimachte, kostete 4.000 österreichische und 3.000 französische Soldaten das Leben. Die Österreicher retteten sich nach Ulm, das daraufhin von Napoleon belagert und beschossen wurde.

Die Straßen, so berichtet ein Zeitgenosse, waren gefüllt von Fliehenden und Verwundeten. Auf allen öffentlichen Plätzen lagen ausgehungerte Soldaten, viele ohne Schuhe. Sie trieften vor Regen und Schnee und bettelten um Brot. Tote Pferde und Unrat machten die Straßen schier unpassierbar. Am schlimmsten ging es den Verwundeten und Kranken; mehr als 4.000 lagen in den Spitälern, wo täglich 15 bis 20 starben. Trotz dieser verzweifelten Situation wollte sich der österreichi-

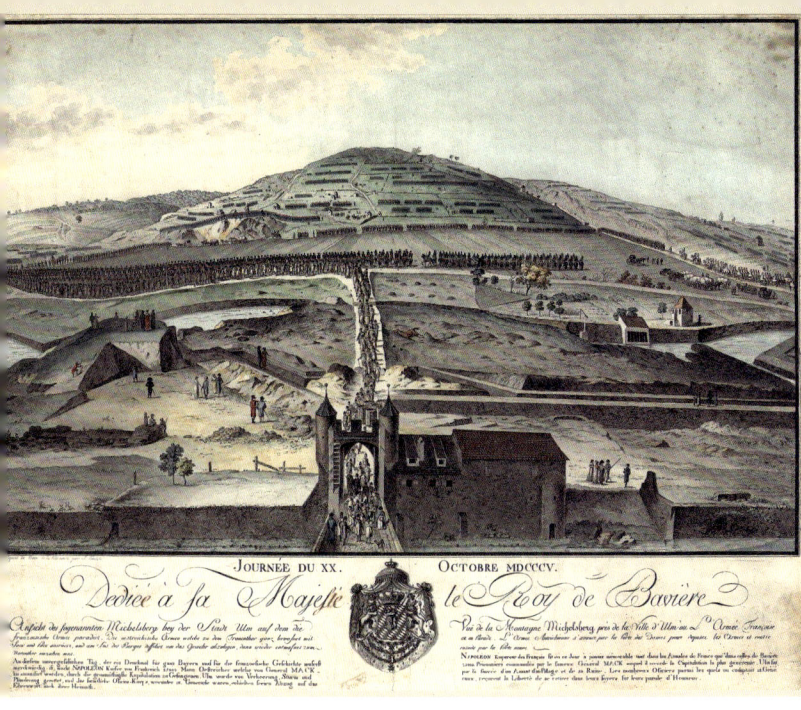

Vom Neutor aus dokumentierte der Maler Johannes Hans am 20. Oktober 1805 die Kapitulation des österreichischen Heeres vor Napoleon.

sche Oberbefehlshaber, Feldmarschall-Leutnant Karl Mack von Leiberich, nicht ergeben, bis Napoleon ein Ultimatum stellte. Am 17. Oktober schließlich kapitulierte Mack. Drei Tage später legten seine Truppen dem Korsen ihre Waffen zu Füßen.

## Festungsgürtel wird zur Promenade

Die Szene, die Johannes Hans mit der Genauigkeit eines Fotoapparates dokumentiert hat, zeigt, wie stark sich Ulm in den fünf Jahren seit der Jahrhundertwende verändert hatte, genauer gesagt, seine stolzen Bastionen. Von denen waren nur noch Erdhaufen übrig. Ulm war eine Stadt ohne Befestigung. Und: Ulm war keine Reichsstadt mehr!

Beides war Ergebnis des Zweiten Koalitionskrieges. Nachdem der Erste 1797 beendet war, drangen die Franzosen bereits im März 1799 erneut in den deutschen Südwesten vor, was die Österreicher veranlasste, Ulm mit einer starken Besatzung zu versehen. Im Mai 1800 schlug der österreichische Oberbefehlshaber hier sein Hauptquartier auf, um die Franzosen an ihrem Weitermarsch nach Osten zu hindern. Doch die belagerten Ulm samt seiner 12.000 Mann starken österreichischen Besatzung. Zwar hielt die Befestigung stand, aber das bedrängte Österreich lieferte Ulm den Franzosen aus, um einen im Juni geschlossenen Waffenstillstand zu verlängern.

Das bedeutete das Ende der Ulmer Bastionärbefestigung. In der ersten Oktoberwoche zogen die kaiserlichen Truppen ab, am 13. befahl der französische General Moreau die Schleifung der Festungswerke, und vier Tage später wurde damit begonnen. Tausende von Arbeitern, darunter viele Bauern aus dem Umland, sowie französische Mineure sprengten die Bastionen und trugen die Wälle ab. Die mittelalterliche Stadtmauer mit ihren Toren durfte bleiben, sie wurde aber an der Donau zurückgebaut bis auf das heutige Niveau. Nachdem die Franzosen 1801 die Stadt wieder verlassen hatten, führte der Magistrat die Entfestigung weiter und machte das Bestmögliche daraus: eine Promenade auf dem beseitigten Festungsgürtel, die später den biedermeierlichen Spaziergängern zum Vergnügen diente.

Noch gravierender für die Geschichte Ulms als die Demolierung seines Schutzwalls war eine weitere Folge jenes 1801 beendeten Krieges: die Neuordnung Deutschlands. Sie bedeutete das Ende der Reichsstadt. Im August schloss Bayern mit Frankreich einen Friedens- und Freundschaftsvertrag. Im Mai des folgenden Jahres erklärte sich Frankreich bereit, das Kurfürstentum Bayern für den Verlust seiner linksrheinischen Gebiete und die rechtsrheinische Pfalz mit anderen Territorien zu entschädigen. Eines davon war Ulm mit seinem Gebiet beiderseits der Donau.

Am 31. August 1802 marschierten kurbayerische Truppen ins ulmische Territorium ein, am 3. September 1802 besetzten sie die Stadt und am 29. November verkündete der bayerische Besitznahmekommissär Freiherr Wilhelm von Hertling Ulms neue Zugehörigkeit zu Bayern, vereidigte die Stadtregierung auf den bayerischen Kurfürsten und entband sie ihrer Pflichten gegenüber Kaiser und Reich. Der Reichsdeputationshauptschluss von 1803 besiegelte diesen Zustand.

## Ulm wird bayerische Provinzhauptstadt

Allerdings wäre es verfehlt, zu glauben, dass die Ulmer darüber allzu traurig gewesen wären. Die nunmehr dahingeschiedene Stadtrepublik war hoch verschuldet und in sich zerstritten gewesen, wie die Bürgerprozesse gezeigt haben, und das verlorene Reichsstadt-Prestige glichen die Bayern dadurch aus, dass sie Ulm zur Hauptstadt der neuen Provinz Schwaben erhoben und mit den entsprechenden Behörden versahen. Die reichsstädtische Verwaltung blieb übergangsweise noch bis August 1804 in Amt und Würden und wurde dann ersetzt durch Gremien, die der bayerischen Verfassung entsprachen. Die Verfassung des Schwörbriefs war freilich seit 1802 hinfällig und mit ihr der Schwörtag samt dem Festgefüge, das sich um ihn entwickelt hatte.

Von Nachteil war das neue Regime für das Wengenstift und das Haus des Deutschen Ordens: Ebenso wie die vor den Toren der Stadt gelegenen Klöster Söflingen und Wiblingen wurden sie säkularisiert, fielen also in den Besitz des Landesherrn, der sie für weltliche Zwecke nutzen konnte. So dienten das Wengenstift, das Kloster Wiblingen und später auch das Deutschhaus unter anderem als Kasernen oder, wie das Kloster Söflingen, den Behörden. Die Wengenkirche wurde 1805 Zentrum der katholischen Pfarrei.

Ulm war also bayerisch, als der Dritte Koalitionskrieg folgte. Seine strategisch wichtige Lage in der Mitte zwischen Paris und Wien und am Schnittpunkt des Donau- und des Illertales prädestinierte die Region zum Austragungsort jener Schlacht bei Elchingen, die Napoleon den Weg nach Wien öffnete. Einige Wochen später siegte er in der Schlacht von Austerlitz. Dieser Triumph besiegelte das Ende des Heiligen Römischen Reiches deutscher Nation. Am 8. August 1806 setzte Franz II. die Kaiserkrone ab; im selben Jahr noch verhalf Napoleon seinen beiden süddeutschen Verbündeten zur Königskrone: Der bayerische Herzog und Kurfürst avancierte zu König Maximilian I. Joseph und sein württembergischer Amtskollege zu König Friedrich I.

## Neue Grenze in der Donau

Ulm gehörte somit zum Königreich Bayern, aber nicht lange. Der mittlerweile fünfte Koalitionskrieg endete 1809 damit, dass Bayern im Osten weitere Gebiete hinzugewann. Als Gegenleistung musste es Teile der 1802 erhaltenen Landstriche im Westen abtreten. Das hatte insbesondere für Ulm weitreichende Folgen: Am 18. Mai 1810 schloss Bayern mit Württemberg in Compiègne einen Staatsvertrag, worin Württemberg in der Mitte der Donau und der Iller endete. Die Stadt wurde also geteilt! Bis der Übergang an Württemberg durchgesetzt war, dauerte es allerdings noch ein halbes Jahr. Am 8. November verließ die bayerische Garnison Ulm, und schon am Nachmittag um 4 Uhr rückte die württembergische ein. Zuvor hatte der bayerische Polizeikommissär noch alles bewegliche Gut samt den Straßenlaternen mitgenommen, und die Soldaten hatten aus Ärger über ihren Abzug Türen und Fenster ihrer Kasernen und die Hauptwache demoliert.

Damit hatte Ulm seine Gebiete rechts der Donau verloren. Die blieben beim bayerischen Oberdonaukreis, dem Ulm 1808 zugeteilt worden war. Dessen Königlich Bayerischer Generalkommissär Freiherr Karl Ernst von Gravenreuth sollte sich als geistiger Vater des späteren Neu-Ulm erweisen. Bereits am 9. August 1810 hatte er seinem König vorgeschlagen, am rechten Donauufer eine neue Stadt zu bauen, für die er den Namen »Max-Josephs-Stadt« anregte. Max I. Joseph jedoch befand, das sei zu teuer, erlaubte dem Kommissariat aber, Ansiedlungsgesuche zu genehmigen und solche Siedler zu ermuntern, die dort Brauereien errichten wollten.

Im folgenden Jahr wurde auf Gravenreuths Drängen auf der Insel ein vorerst provisorisches Königlich Bayerisches Polizeikommissariat eingerichtet, für das es massenhaft Arbeit gab: Jeder, der von Ulm aus seine Arbeitsplätze auf der Insel oder seine Gärten sowie die Ausflugsstätten am rechten Donauufer besuchen wollte, musste die neue Grenze passieren. Täglich waren 500 bis 600 Personen und bisweilen sogar 3.000 bis 4.000 zu kontrollieren, wie einem amtlichen Bericht vom 16. Februar 1811 zu entnehmen ist. *Jedes Körbchen wurde untersucht und jeder Mistwagen, wozu die Mautner besondere Instrumente hatten*, heißt es in einer Chronik. Dass dies für böse Stimmung in der Bevölkerung sorgte, liegt auf der Hand.

Wie hieß nun das abgetrennte Gebiet, wo um 1810 gerade einmal drei Familien sowie 32 Mann Grenzmilitär lebten? Aufschlussreich ist eine Anordnung Gravenreuths in seiner Eigenschaft als Vollziehungs-Bevollmächtigter an das von ihm initiierte K[öniglich]. prov[isorische]. *Polizey-Commissariat* **Ulm auf dem rechten Ufer**, wie die offizielle Bezeichnung bis zum 1. Januar 1815 lautete. Darin ist von **den beiden Ulm** die Rede, und die Ortsangabe im Datum lautet **Ulm**, *den 3. April 1811*. Daneben gab es noch die Kurzbezeichnung **Ulm jenseits**.

Obwohl die Gründung einer **Max-Josephs-Stadt** am Widerstand des Max I. Joseph gescheitert war, gab Gravenreuth nicht nach, und so fand sein Vorschlag zur *Bildung einer eigenen Gemeinde* **auf dem rechten Donau-Ufer der Stadt Ulm gegenüber** am 7. April 1811 die Billigung des Königs. Gravenreuth bestimmte den 22. April als den Entstehungstag dieser Gemeinde, in welche das schon 1309 urkundlich erwähnte Dorf Offenhausen einzubeziehen sei.

### Neu-Ulms Embryonalstadium

Das früheste bislang bekannte Dokument, worin der Name *Neu-Ulm* erscheint, ist das Taufbuch der evangelischen Gemeinde Pfuhl. Dort kam am 16. Oktober 1812 Antonia Henriette Clara Wilhelmine von Langenmantel zur Welt, deren Vater K[öniglich]. B[ayerischer]. *HallOberAmtsOfficiant* in **Neu-Ulm** war, wie der Eintrag verrät. Amtlich wurde der Name spätestens 1813. Das beweist ein Postschein der *Königlich-Bayerischen Haupt-Expedition fahrender Posten Augsburg* über ein Wertpaket von 100 Gulden 30 Kreuzer nach **Neu-Ulm** vom 26. Mai 1813.

Der Kirchenbuch-Eintrag der am 16. Oktober 1812 geborenen Antonia Henriette Clara Wilhelmine von Langenmantel enthält in den Angaben zum Vater die älteste bekannte Nennung von »Neu-Ulm«.

Dass der Name Neu-Ulm ausgerechnet in einem Pfuhler Kirchenbuch erstmals auftaucht, liegt daran, dass die Protestanten am rechten Donauufer nach Pfuhl eingepfarrt worden waren und die Katholiken nach Burlafingen. Unangenehm war das vor allem für die Schulkinder: Die evangelischen mussten bis nach Pfuhl wandern, die katholischen durften ins näher gelegene Ulm. Das änderte sich erst, als die Katholiken 1832 und die Protestanten 1834 Schulräume in Neu-Ulm erhielten.

1818 gehörten zur Gemeinde Neu-Ulm sechs Einödhöfe, darunter der Striebelhof, der Gurrenhof und der Freudeneggerhof. Neu-Ulm selbst zählte gerade 17 Familien, Offenhausen hingegen 22 und das restliche Gebiet 48. Es war daher kein Wunder, dass das nicht lange gutging. Zwar besetzte Offenhausen zunächst die führenden Gemeindeämter. Doch die übernahm dann Neu-Ulm, das bald über Offenhausen hinausgewachsen war, aber weniger Steuern zahlte, da Neuansiedler von der Steuer befreit waren. Und so beantragte Offenhausen die Trennung von Neu-Ulm, was die Regierung 1832 genehmigte.

Wie sich die noch junge Gemeinde im Jahr 1831 darstellte, schildert eine damalige Landesbeschreibung: Neu-Ulm, *Vorstädtchen am rechten Ufer der Donau, mit 17 Häusern, 283 Einwohnern, 1 Zoll-*

und Hall-Oberamte, 1 Zunderfabrik und der neuen Ludwig-Wilhelms-Brücke, die sich damals allerdings noch im Bau befand.

## Ulm ohne »Ulmer Winkel«

Die Begeisterung der Ulmer über ihre Verschiebung nach Württemberg hielt sich aus den schon genannten Gründen buchstäblich »in Grenzen«. Das lag zum einen an der neuen Randlage Ulms, dessen Markung, die nach Ende der Reichsstadtzeit noch den »Riedzaum« oder »Ulmer Winkel« rechts der Donau und östlich der Iller umfasst hatte, auf weniger als die Hälfte geschrumpft war. Damit war Ulm nicht nur seiner Naherholungs-, sondern auch seiner Entwicklungsflächen beraubt, was sich vor allem bei der Industrieansiedlung im 20. Jh. als ein nachhaltiger Störfaktor im Verhältnis zwischen den beiden Städten erweisen sollte. Zwar garantierte der Staatsvertrag von Compiègne den Ulmern grundsätzlich ihren Besitz am nunmehr bayerischen Ufer, aber es gab zahlreiche Probleme, die noch zu lösen waren. Das geschah erst am 5. August 1821 in einem Staatsvertrag zwischen Bayern und Württemberg, der die Eigentums- und Nutzungsfragen sowie die Rechte der Grundeigentümer regelte.

Der zweite Grund für den Frust war die Degradierung Ulms, das mit dem Länderwechsel seinen Rang als Hauptstadt der Provinz Schwaben verloren hatte. Dass es am 27. Oktober zum Sitz einer Landvogtei wurde, war ein schwacher Trost, denn deren gab es zwölf. Und der Titel »Unsere gute Stadt«, den der württembergische König Ulm am 29. Januar 1811 verlieh, glänzte auch nicht durch Exklusivität, denn es gab noch sechs weitere Städte mit diesem Prädikat.

Eine diesbezügliche Aufwertung erfuhr die Stadt, als die Landvogteien aufgehoben und durch vier Kreisregierungen ersetzt wurden. Vom 1. Januar 1818 an war Ulm Sitz der Regierung des Donaukreises mit den entsprechenden Behördenzentralen, der Kreisfinanzkammer und dem Kreisgerichtshof. Außerdem saßen noch das Oberamt sowie ein Amtsgericht in Ulm, das damit zumindest administrativ wieder an Zentralität gewonnen hatte.

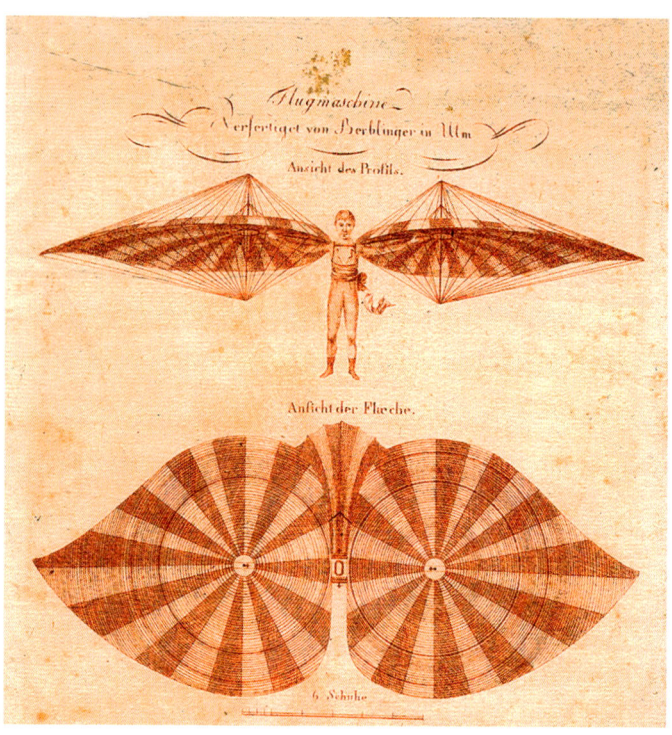

Berblingers Fluggerät. Ungeklärt ist, ob der Kupferstich von Johannes Hans der Realität entspricht.

### DER SCHNEIDER VON ULM

Von der Witzfigur zum Flugpionier: Heute gehört Albrecht Ludwig Berblinger (1770–1829) zu den Persönlichkeiten, auf welche die Ulmer mit Recht stolz sind. Für ihn kommt das allerdings über ein Jahrhundert zu spät: Er selber zerbrach am Spott seiner Mitmenschen. Am 28. Januar 1829 ist er mit 58 Jahren im Spital an »Abzehrung« gestorben.

Berblingers gesellschaftlicher Absturz war die unmittelbare Folge eines missglückten Flugversuches, der weithin bekannt wurde. Bis dahin war der damals 40-Jährige ein angesehener Schneidermeister gewesen, der seine technischen Fertigkeiten auch damit bewiesen hatte, dass er einem Invaliden, dem ein

Geschütz den Fuß weggerissen hatte, eine Beinprothese mit beweglichen Gelenken baute, die erste ihrer Art.

Als er daher am 28. April 1811 in der Zeitung ankündigte, einen Flugversuch mit seiner selbstverfertigten Flugmaschine zu unternehmen, zweifelten die Ulmer Stadtväter nicht am Erfolg dieser Unternehmung. Und so bauten sie Berblinger als Höhepunkt in das Programm für den ersten Besuch ein, mit dem Württembergs König Friedrich I. die im Jahr zuvor württembergisch gewordene Stadt beehrte.

Am 30. März 1811 stand Berblinger in 19 m Höhe auf einer Rampe über der Adlerbastei, um die 64 m breite Donau zu übersegeln. Doch er brach den Versuch wegen eines angeblichen Defektes am Fluggerät ab. Der König zeigte Verständnis, schenkte ihm 20 Louisdor und reiste wieder ab. Der Versuch sollte am folgenden Tag vor dem Bruder des Königs wiederholt werden. Wieder zögerte Berblinger; er vermisste den Aufwind, den die kalte Donau nach den damals unbekannten Gesetzen der Thermik verweigerte. Doch es gab kein Zurück. Er sprang und fiel wie ein Stein in den Fluss.

Damit waren auch die Ulmer blamiert, die mit ihm vor dem König hatten angeben wollen. Sie reagierten gnadenlos. Berblinger wurde zum Gespött, bis spätere Generationen seine Pionierleistung erkannten.

# Brückenschläge und Festungsbau

Während die bayerischen Behörden und Beamten im rechtsseitigen Ulm das linksseitige noch wie feindliches Ausland behandelten, fiel 1818 im fernen Frankfurt eine Entscheidung, welche Ulm und das noch im Embryonalstadium befindliche Neu-Ulm in einem gemeinsamen Festungsgürtel vereinen sollte. Die in Augsburg erscheinende *Allgemeine Zeitung* berichtete am Donnerstag, dem 22. Oktober 1818, über die *von dem Militärcomitee der Bundesversammlung vorgeschlagenen vorläufigen Bestimmungen über die Bundesfestungen*. Unter Paragraph 4 stand zu lesen: *Zu diesem Ende wird als Festung vom ersten Range und großer Waffenplatz die Stadt Ulm bestimmt.*

Das war fast genau fünf Jahre nach der Völkerschlacht bei Leipzig, die Napoleons Niederlage und seinen Abzug aus Deutschland bewirkt hatte. In der Folge hatten sich 1815 die souveränen Fürsten und freien Städte Deutschlands zum »Deutschen Bund« vereint, der nun darauf sann, einen erneuten Vorstoß aus Frankreich zu unterbinden. Dazu plante er ein System grenznaher Bundesfestungen. Für den Fall, dass diese nicht standhalten würden, sollte mitten auf der Strecke von Paris nach Wien im strategisch herausragenden Ulm eben jene Festung ersten Ranges entstehen. Es dauerte jedoch noch zwei Jahrzehnte, bis die konkrete Umsetzung nahte.

## Die Ludwig-Wilhelms-Brücke

Derweil erfolgte am künftigen großen Waffenpatz ein bayerisch-württembergischer Brückenschlag ganz friedlicher Natur: Am Donnerstag, dem 15. Oktober 1829, wurde zuerst am linken und dann am rechten Donauufer feierlich der Grundstein zur »Ludwig-Wilhelms-Brücke« gelegt, benannt nach den aktuellen Monarchen Ludwig I. von Bayern und Wilhelm I. von Württemberg. Sie sollte die in die Jahre gekommene Herdbrücke ersetzen und den wachsenden Verkehr bewältigen.

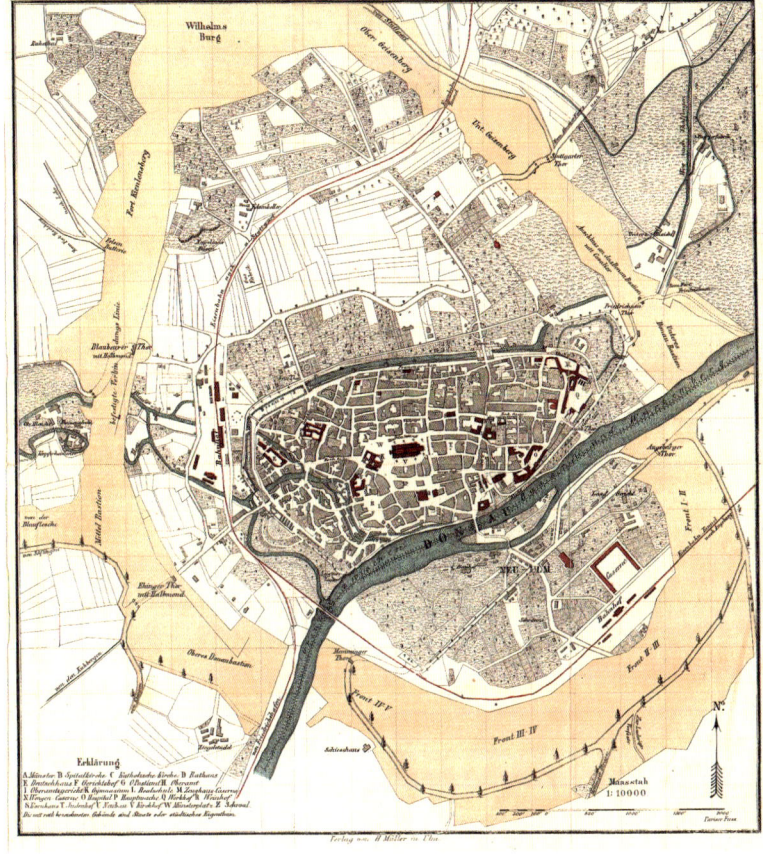

Der Stadtplan von 1857 zeigt aus Gründen der Geheimhaltung nur die Konturen der noch im Bau befindlichen Bundesfestung.

Dieser Brückenschlag über die Landesgrenze hinweg war die Folge der Zolleinigung zwischen Bayern und Württemberg, des ersten Schritts zum Deutschen Zollverein: Am 1. Juli 1828 waren die Schranken gefallen, was die Bevölkerung freudig mit Schiffspartien auf der Donau und Festen an den Ausflugsstätten beiderseits des Flusses feierte. Da zuvor das Steinhäule wegen der Grenze schwer erreichbar gewesen war, hatten mittlerweile die Ulmer an ihrem Ufer die Friedrichsau als Naherholungsbereich hergerichtet. Sie war benannt nach König Friedrich, der bei seinem Besuch 1811 der Stadt dafür

2.000 Gulden gespendet hatte. Als die Brücke am 9. Juni 1832 eröffnet wurde, feierten die Ulmer und Neu-Ulmer gemeinsam in Friedrichsau und Steinhäule.

In Neu-Ulm hatte sich mittlerweile, ausgehend von der Insel, ein kleiner Siedlungskern aus Wohn- und Gewerbebauten gebildet. Es war ein gewisser baulicher Wildwuchs entstanden, der den königlich bayerischen Behörden nicht ins Konzept passte. Die systematische Planung ließ noch etwas auf sich warten. Sie ging dann Hand in Hand mit dem Bau der Bundesfestung.

## *Die Bundesfestung*

Alarmiert durch die »Rheinkrise« des Jahres 1840, als die Franzosen ihre linksrheinischen Gebiete zurückhaben wollten, beschloss die Bundesversammlung am 26. März 1841 den Bau der Bundesfestung Ulm. Umgehend wurde beiderseits der Donau mit der Planung begonnen. Bayern und Württemberg einigten sich auf eine gemeinsame Festungsbaukommission. Württemberg verpflichtete den preußischen Ingenieur-Major Moritz Karl Ernst von Prittwitz und Gaffron als Festungsbaudirektor, der eine Befestigung nach dem »neupreußischen System« plante. Die sah eine Zitadelle auf dem Michelsberg vor, von der aus sich ein Befestigungsring so großzügig um Ulm und die Keimzelle Neu-Ulms zog, dass beide genügend Raum hatten, in diesen neuen Gürtel hineinzuwachsen. Den sicherte zusätzlich ein Kranz von Außenforts und Vorwerken.

Am 18. Oktober 1842, dem Jahrestag der Völkerschlacht, erfolgte der erste Spatenstich auf dem Michelsberg. Dort wurde genau zwei Jahre später der Grundstein für den Ulmer Teil in den Kehlturm der nach dem württembergischen König benannten Wilhelmsburg versenkt, die bereits im Bau war. Am selben Tag wurde auch auf der bayerischen Seite der Neu-Ulmer Grundstein gelegt, in das Fundament der Tambourmauern von Kaponniere II–III. Vier Jahre später war die Wilhelmsburg vollendet. Das riesige Bauwerk bot Platz für 8.000 Mann.

Im Herbst 1859 war die Bundesfestung Ulm im Wesentlichen fertiggestellt. Die Schanzer hatten unglaubliche Erdbewegungen vollbracht, und ein Heer von Steinhauern hatte die Kalksteine zugerichtet, die für das Gemäuer der rund 40 Festungswerke und der Verbindungslinien benötigt wurden. Während dieses Baumaterial die Festungswerke auf Ulmer Seite überwiegend weiß erscheinen lassen, sind die der Neu-Ulmer Seite überwiegend rot, denn ihre Mauern wurden aus Festungsbacksteinen errichtet, die in einer militäreigenen Regieziegelei in Pfuhl gebrannt wurden.

Die Zahl der am Festungsbau Beschäftigten hatte im Sommer 1848 mit 6.180 Mann, von denen 4.694 in Ulm und 1.486 in Neu-Ulm tätig waren, den Höchststand erreicht. Mehr als die Hälfte kam aus Württemberg, die anderen waren »Ausländer« aus Tirol, Sachsen und Schlesien. Zu dieser Zeit (1849) zählte Ulm 19.135 Einwohner plus 2.285 Militärangehörige, und Neu-Ulm rund 1.000. Außerdem befanden sich noch 2.000 Eisenbahnarbeiter in der Stadt, denn einen weiteren Brückenschlag zwischen Ulm und Neu-Ulm, auch im wörtlichen Sinne, brachte der Bau der Eisenbahn.

## Die Eisenbahn

Zwei Jahre nach der Entscheidung für den Festungsbau wurde am 18. April 1843 das württembergische Eisenbahngesetz verabschiedet, das eine Bahnlinie von Stuttgart durch das Filstal nach Ulm und weiter nach Friedrichshafen festlegte. Zuvor hatte die Ende 1835 gegründete *Ulmer Eisenbahngesellschaft* darum gekämpft, dass die Stadt beim Bau einer württembergischen Eisenbahn als bedeutender Handelsplatz berücksichtigt werde.

Der Bahnhof Ulm wurde nach fünfjähriger Bauzeit am 1. Juni 1850 in Betrieb genommen, mit der Eröffnung der Teilstrecke Ulm–Biberach. Vier Wochen später, am 29. Juni, rollte der erste Zug aus Stuttgart ein. Kurz zuvor, am 24. April, hatten Bayern und Württemberg einen Staatsvertrag über die Weiterführung der Bahnlinie München–Augsburg nach Ulm geschlossen. Das bedingte eine zweite Donaubrücke für die Eisenbahn, die nach den jeweiligen Monarchen »Wilhelm-Maximilian-Brücke« benannt und am 1. Mai 1854 eröffnet wurde. Bis dahin war Neu-Ulm, das seit 1853 einen Bahnhof hatte, Endstation für die Züge aus Bayern gewesen. Zum Ulmer Bahnhof gelangte man per Postwagen oder Droschke.

Allerdings tickten damals die Uhren in beiden Ländern noch unterschiedlich. Bayern, dessen Hauptstadt weiter östlich lag als Stuttgart, war Württemberg um 10 Minuten voraus. Wenn also die Ulmer Uhren 12 Uhr zeigten, war es in Neu-Ulm bereits 12.10 Uhr. Das änderte sich erst 1892 mit Einführung der Mitteleuropäischen Einheitszeit (MEZ), als die Ulmer ihre Uhren um 23 Minuten und die Neu-Ulmer die ihren um 13 Minuten vorstellen mussten.

Die Entwicklung der Doppelstadt zum Bahnknotenpunkt schritt weiter fort mit der Eröffnung der Bahnlinie Kempten–Ulm (Illerbahn) 1862. Es folgten von 1868 bis 1873 der Bau der Donaubahn über Blaubeuren und Ehingen nach Sigmaringen und 1876 die Vollendung der Brenztalbahn über Heidenheim nach Aalen.

Der zunehmende Bahnverkehr bedeutete allerdings das Ende der traditionsreichen ulmischen Donauschifffahrt. Die letzte gewerbliche Transportzille legte am 27. April 1897 ab. Sie war 30 m lang, 8 m breit, hatte 22 m lange Ruderbalken und konnte 200 Tonnen tragen.

## Unruhige Zeiten

Festungs- und Bahnbau hatten zur Folge, dass über ein Drittel der Bevölkerung beiderseits der Donau »Ausländer« der unteren Einkommensschichten waren. Reibereien und Zwischenfälle konnten daher nicht ausbleiben. Aber die hielten sich selbst im Revolutionsjahr 1848 in Grenzen, und das war der Umsicht des Festungsbaudirektors Prittwitz zu verdanken: Er sorgte für seine »Schanzer« mit einem Sozialprogramm, das sogar eine würdige Bestattung im Todesfall und die Unterstützung der Hinterbliebenen vorsah.

So hatten zwei gravierende Vorfälle in jenen Jahren nichts mit den Festungsarbeitern zu tun. Den ersten hatten Missernten und eine daraus folgende Teuerung ausgelöst: Am 1. Mai

1847 erhob sich in Ulm der erste der landesweiten »Brotkrawalle«. Sie waren die Folge von Ernteausfällen und dem Fehlen eines überregionalen Marktes, weshalb lokale Händler und Spekulanten die Preise diktieren konnten. Die kletterten 1847 von Jahresbeginn bis Anfang Mai um fast das Anderthalbfache. So zog eine aufgebrachte Menge, darunter viele Frauen, gegen die Langmühle, deren Besitzer zum Ziel der angestauten Wut auf die Kornwucherer wurde. Es waren Angehörige der mittlerweile zahlreichen städtischen Unterschichten. Das Militär schritt ein. Die anschließenden Verhaftungen betrafen etwa ein Prozent der Ulmer Einwohnerschaft: 191 Beteiligte, alle Handwerker und Arbeiter, wurden verurteilt.

Der zweite Vorfall ging als »Schiffskrawall« in die Lokalgeschichte ein: Am 27. Juni 1848 versammelten sich abends in der Brauerei *Zum Schiff* Bürger, um einen demokratischen Verein zu gründen. Da drang ein Trupp von Kavalleristen mit gezogenem Säbel in den Saal und hieb auf die Versammelten ein. Einem jungen Bäcker wurde der Schädel gespalten, so dass er an den Folgen starb. 53 Personen wurden verletzt. Die Bevölkerung war empört. Es kam zu einer Untersuchung, doch die Strafen für das beteiligte Militär fielen glimpflich aus.

## Die Industrialisierung

Der Durst der Festungsarbeiter und später der Garnisonssoldaten, deren Zahl ebenfalls in die Tausende gehen sollte, führte dazu, dass Ulm seine Führungsposition in der Bierproduktion weiter ausbaute. Bereits vor dem Festungsbau, im Jahr 1836, war *der Hauptsitz der Bierbrauerei [...] Oberschwaben, namentlich aber Ulm*, so meldet Württembergs statistisches Jahrbuch 1839. Die Zahl der Brauereien stieg von 17 im Jahr 1828 auf 44 anno 1870, während die Produktion um etwa 1.000 Prozent zunahm. 1865 stellten die Stuttgarter Brauereien nur halb so viel Bier her wie die Ulmer, die allerdings ein Viertel davon exportierten. Von dieser immensen Menge Gerstensafts zeugt noch heute ein Labyrinth von rund 30 Bierkellern im Michelsberg, welche die Dimension von Eisenbahntunneln haben. Im

Übrigen zählten die Brauereien zu Ulms ersten Unternehmen, die mit Dampfmaschinen arbeiteten, um die Kühlaggregate zu betreiben. Die erste in ganz Württemberg war 1824 die Brauerei Strauß und v. Besserer in der Hirschstraße 12. Sie gehörte damit zur Ulmer Avantgarde der industriellen Revolution von der Wasser- zur Dampfkraft.

Bis Mitte des 19. Jhs. hatten die sich entwickelnden Fabriken ausschließlich Wasserkraft genutzt und sich daher entlang der Blau angesiedelt, so etwa der Kunst- und Glockengießer Philipp Jakob Wieland (1793–1873). In einer Sägmühle im Fischerviertel richtete er 1828 ein Messingblechwalzwerk ein. Das war Ulms erster Fabrikbetrieb und Deutschlands erste Messingfabrik, aus der die Wieland-Werke hervorgingen.

Ebenfalls mit der Wasserkraft der Blau, wenn auch oberhalb Ulms, in Ehrenstein, betrieb der Apotheker und Chemiker Dr. Ernst Gustav Leube (1808–1881) zusammen mit seinen Brüdern Wilhelm und Julius seit 1838 die erste Zementfabrik Deutschlands. Er hatte einen Weg gefunden, das Gestein der Schwäbischen Alb industriell zu Zement zu verarbeiten. Durch den Bau der Bundesfestung und der Eisenbahn wuchs der Bedarf an Zement ins Unermessliche. So war noch Platz für eine zweite Zementfabrik, die Eduard Schwenk (1812–1869) auf dem Gelände des ehemaligen Klosters in Söflingen gründete, ebenfalls an der Blau. Dass er dies nicht auf seinem Grundstück im Ulmer Westen tat, lag daran, dass die Bundesfestung den Bau an dieser Stelle unmöglich machte.

Schon vor dem Festungsbau, zu Beginn der 1830er-Jahre, hatte in Ulm die Industrialisierung eingesetzt. Aus kleinen Handwerksbetrieben entwickelten sich Weltfirmen wie der Nutzfahrzeughersteller Kässbohrer, die Pflugfabrik Eberhardt, die Hutfabrik Mayser oder die schon erwähnten Wieland-Werke. Atypisch hingegen verlief die Genese der Firma Magirus. Deren Gründer Conrad Dietrich Magirus (1824–1895) war Kaufmann und Inhaber eines Gemischtwarenladens. Zu einer Zeit, als die Turner ob ihrer demokratischen Tradition noch als politisch verdächtig galten, war er eines der ersten Mitglieder der Ulmer Turngemeinde. Die begann 1848 unter seiner Leitung, sich um den Brandschutz zu kümmern. Magirus bildete

32 Mann als »Steiger« aus. Das war die Geburtsstunde der Ulmer Feuerwehr, einer der ersten im Land. Von der Idee des Brandschutzes besessen, begann Magirus, Feuerwehr-Bedarf zu produzieren und zu entwickeln, vom Helm über die Pumpe bis zur fahr- und ausziehbaren Leiter, die er später in seiner 1864 gegründeten Firma bauen ließ. Auch bei der Gründung der Neu-Ulmer Feuerwehr im Jahr 1868 spielte Magirus eine leitende Rolle.

Am anderen Donauufer ließ die Industrialisierung auf sich warten. Laut einer 1831 veröffentlichten Statistik bestand damals in Neu-Ulm *eine neue Kolonie von 24 Häusern mit einer Zunderfabrike, so wie einer chemischen Fabrike*. Die letztgenannte produzierte Salmiak und Ammoniak. Ansonsten gab es dort eine Seifensiederei, einen Tonofen-Fabrikanten, und später kamen ein Wichse-, ein Stärke- und ein Bürstenfabrikant hinzu. Eine Brauerei durfte freilich nicht fehlen. Um 1815 gegründet, benutzte die Löwen-Brauerei von 1860 an Neu-Ulms erste Brauerei-Dampfmaschine. Wichtig für das öffentliche Leben in der noch jungen Gemeinde war die Gründung einer Druckerei durch Johann Wilhelm Helb, der dort von 1849 an das *Neu-Ulmer Anzeigenblatt für das In- und Ausland* herausbrachte, den späteren *Neu-Ulmer Anzeiger*.

## Die Rückkehr der Juden

Ein wichtiger Schritt zur Industrialisierung war die 1828 in Württemberg erlassene *Allgemeine Gewerbeordnung*. Sie leitete die Aufhebung des mittlerweile kontraproduktiv gewordenen Zunftzwanges ein, der die industrielle Entwicklung hätte behindern können. Damit war auch der Großhandel jeglichen Zunftzwangs enthoben. Das allerdings passte dem Ulmer Handelsstand – also den örtlichen Kaufleuten – ganz und gar nicht. Gegen ein weiteres Gesetz des Jahres 1828 erhob er scharfen Protest, weil er Konkurrenz und Geschäftseinbußen befürchtete: gegen das Emanzipationsgesetz. Es garantierte den Juden das Recht der freien Berufswahl und der freien Niederlassung im Königreich Württemberg. Die Eingabe des

Handelsstands an die Ständeversammlung strotzt vor antisemitischen Vorurteilen und stellt die Juden pauschal als Diebe und Hehler dar.

Doch aufhalten konnte der Handelsstand diese Gesetze nicht. Zum ersten Mal seit dem Mittelalter entstand in Ulm wieder eine jüdische Gemeinde, wenn auch mit Hindernissen. Wie zäh dieser Prozess verlief, zeigt das Beispiel des Heinrich Harburger, dessen Niederlassung im Jahr 1805 der bayerische Generalgouverneur der Provinz Schwaben gegen den Widerstand der Ulmer Geschäftsleute durchgesetzt hatte. Er wurde nie ins Bürgerrecht aufgenommen. Dies gelang erst 1835 seinem Sohn Isaak Röder, als erstem Juden seit dem Mittelalter. 1880 hatte die mittlerweile voll integrierte jüdische Gemeinde mit 694 Einwohnern ihren Höchststand erreicht. Einer davon war der im Jahr zuvor in der Bahnhofstraße 20 geborene Albert Einstein, der Ulm mit seinen Eltern allerdings bereits im zarten Alter von 15 Monaten in Richtung München verließ.

1853 erwarb die jüdische Gemeinde im Norden des Alten Friedhofes eine eigene Begräbnisstätte. 1873 weihte sie ihre Synagoge auf dem Weinhof ein, und 1888 bekam die Stadt ein selbständiges Rabbinat. Die Ulmer Synagoge wurde auch von den in Neu-Ulm lebenden Glaubensbrüdern genutzt. Dort war erstmals 1853 eine jüdische Familie zugezogen. Weitere folgten, so dass 1875 eine eigene Abteilung an den Neu-Ulmer Friedhof angegliedert wurde. Der war 1861, nach Konfessionen getrennt, eingeweiht worden.

### Einwohner- und Stadtentwicklung

Festungsbau und Industrialisierung trugen im Ulm der 1840er-Jahre zu einer nie dagewesenen Nachfrage nach Arbeitskräften bei. Die Einwohnerzahl nahm von 1840 bis 1852 um ein Drittel zu, im Wesentlichen verursacht durch Zuwanderer, von denen die Hälfte Katholiken waren. Das veränderte die konfessionellen Verhältnisse im zuvor fast rein protestantischen Ulm: Hatten 1811 den 10.549 ortsansässigen Protestanten noch 168 Katholiken und 5 Juden gegenübergestanden, waren es 50 Jahre später (1861) bei 17.725 Protestanten 4.550 Katholiken und 327 Israeliten, Tendenz jeweils steigend.

Die Katholiken, deren Pfarrkirche die Wengenkirche war, durften 1853 wieder eine öffentliche Fronleichnamsprozession halten. Ein Jahr später eröffnete der Krankenpflegeorden der Barmherzigen Schwestern von Reute eine Filiale und nahm seine Arbeit auf. 1888 wuchs das katholische Milieu um ein katholisches Gesellenhaus, und in den folgenden Jahren entstand ein Netz aus katholischen Vereinen.

In Neu-Ulm war das zahlenmäßige Verhältnis zwischen Protestanten und Katholiken fast ausgeglichen. Von den 2.019 Zivilbewohnern, die 1867 gezählt wurden, waren 1.054 Protestanten, 949 Katholiken und 10 Israeliten. Zusätzlich zählte Neu-Ulm 4.967 Militärpersonen (also mehr als doppelt so viele wie Einwohner), von denen fast vier Fünftel katholisch waren. Es war das Jahr nach dem preußisch-österreichischen Krieg, zu dem auch die Bundesfestung Ulm in den Kriegszustand versetzt worden war.

Die Stadt wuchs zügig weiter, und darauf war bei der Planung des Brückenkopfs der Bundesfestung Rücksicht genommen worden. Schon zu deren Beginn hatte König Ludwig I. darauf gedrängt, dass die Gemeinde Neu-Ulm innerhalb der Umwallung, die einem halben Achteck glich, genügend Platz zu ihrer Entfaltung haben müsse, und ließ dafür erste Entwürfe anfertigen. Zwar musste der erste Grundplan von 1843 allein schon wegen der Bahnlinie mehrfach verändert werden, bis er 1865 festgelegt wurde. Aber er enthielt schon das rechtwinklige Straßennetz, das die Neu-Ulmer Innenstadt kennzeichnet.

Ebenso rechtwinklig dachte man auch in Ulm, das noch immer in den Mauerring von 1316 eingeschlossen war und aus allen Nähten platzte. Zunächst planlos, erfolgten einzelne Ansiedelungen außerhalb der Tore. Erst als die Regierung mit Strafen drohte, gab Ulm einen Stadtbebauungsplan in Auftrag, der zwar in dieser Form nicht ausgeführt wurde, aber wie in Neu-Ulm das zeittypische Schachbrettmuster vorsah.

Festungsbaudirektor Prittwitz hatte sich von Anfang an dafür ausgesprochen, beim Bau der Festung zum einen die anstehende Stadterweiterung und zum andern die Trassenführung der bereits angedachten Bahnlinie zu berücksichtigen. Er wollte den Bahnhof am Fuße des Michelsbergs bauen, was der künftigen Stadtentwicklung förderlich gewesen wäre. Doch Grundstücksinteressen bewirkten, dass der Stadtrat mehrheitlich den Bahnhof an seiner heutigen Stelle sehen wollte; man schuf damit eine Barriere für die Ausweitung nach Westen. So wuchs die Neustadt von den 1860er-Jahren an nach Norden und Osten, weshalb der alte Stadtmauerring an verschiedenen Stellen durchbrochen werden musste.

Um diese Zeit, im Mai 1863, zeigte der Plan für Neu-Ulm zwei Kirchen, von denen eine bereits stand: Am 28. November 1860 war die katholische Kirche St. Johannes Baptista eingeweiht worden, womit sich Neu-Ulm von der Pfarrei Burlafingen gelöst hatte. Drei Jahre später, am 15. Oktober 1863, wurde der Grundstein zur evangelischen Petruskirche gelegt. Pünktlich zum 22. Geburtstag des jungen Königs Ludwig II. am 25. August 1867 konnte sie ihre Pforten öffnen. Erst jetzt gehörten die Neu-Ulmer Protestanten nicht mehr zur Pfarrei Pfuhl.

Der Plan zeigt ferner ein riesiges Areal, auf dem gerade die große »Friedens-Kaserne« für das Königlich Bayerische 12. Infanterie-Regiment errichtet und daher auch »Zwölfer-Kaserne« genannt wurde. Um dieselbe Zeit wuchs in der Ulmer Neustadt eine weitere »Friedens-Infanterie-Kaserne«, auch »Karls-Kaserne« genannt. Sie sowie die weiteren Kasernen und Werke der Bundesfestung waren nötig, um die Soldaten aufzunehmen, deren Zahl in Ulm von 1.608 im Jahr 1843 auf 5.673 anno 1890 gestiegen war und in Kriegszeiten mindestens 10.000 und höchstens 20.000 Mann betragen sollte.

Im Revolutionsjahr 1849 wurden in Neu-Ulm 814 Mann Militär gezählt, 1867 waren es 4.967 Mann und 2.081 Mann im Kriegsjahr 1871. Bereits im Jahr zuvor waren die Truppen samt ihren Ulmer Kameraden in den deutsch-französischen Krieg gezogen. Der machte sich in der Doppelstadt insoweit bemerkbar, als Anfang August echte Exoten eintrafen: nordafrikanische Turkos in Pluderhosen, mit Fez und Turban. Sie gehörten zu den bis zu 9.000 französischen Kriegsgefangenen, die in beiden Städten untergebracht waren.

Die nordafrikanischen Turkos, die 1871 im Fort Oberer Kuhberg interniert waren, gehörten zu den bis zu 9.000 französischen Kriegsgefangenen in beiden Städten.

Während Ulm in den neuen, erweiterten Festungsring hineinwuchs, zeigte Neu-Ulm erste Ansätze, über ihn hinauszuwachsen. Es begann damit, dass 1862 ein Bauer sich südlich der Festung niederließ, damit einen Ansturm auf die dortigen Grundstücke auslöste und so eine Siedlung entstand, die drei Jahre später »Ludwigsfeld« benannt wurde, nach dem neuen bayerischen König Ludwig II. Östlich davon lagen die Riedhöfe, um die sich eine weitere Siedlung entwickelte. Sie erhielt 1894 den Namen der verschwundenen mittelalterlichen Ulmer Vorstadt Schwaighofen. Die hatte, wie oben erwähnt, an einem ganz anderen Ort gelegen, nämlich dort, wo 1957 das neue Neu-Ulmer Postgebäude eröffnet wurde.

Neu-Ulm war zu einer kleinen Stadt von fast 1.000 Einwohnern und 500 Soldaten herangewachsen, als König Maximilian II. am 3. Februar 1857 den von eigener Hand korrigierten Entwurf für ein Stadtwappen genehmigte. Es zeigte einen zinnenbewehrten Turm und die Farben schwarz-weiß-blau. Der Turm sollte die Festung symbolisieren. Die Farben sind zum einen das Schwarz-Weiß des Ulmer Wappens, das vermutlich auf die Farben der Patrizierfamilie Besserer zurückgeht, und zum andern das bayerische Weiß-Blau.

Es sollte aber noch geraume Zeit dauern, bevor Neu-Ulm endlich zur Stadt erhoben wurde. Ludwig II., der 1864 seinem Vater auf den Thron gefolgt war, erfüllte den Neu-Ulmern diesen Herzenswunsch am 29. September 1869. Später wertete Prinzregent Luitpold die Stadt noch weiter auf: Am 17. Februar 1891 erklärte er sie zur »Stadt erster Klasse«, was nichts anderes bedeutete als die Kreisfreiheit.

## Die Infrastruktur

Gleich nach der Erhebung zur Stadt ging Neu-Ulm daran, ein Rathaus und daneben zwei Schulhäuser zu bauen. 1879/80 kam die Realschule hinzu, 1887 das Krankenhaus. Ulm errichtete am Rand der Neustadt ein Schulgebäude, in welches 1878 das Gymnasium und die Doppelanstalt Realgymnasium-Realschule einzogen. Beide Städte erhielten einen Schlachthof, Ulm 1883 und Neu-Ulm 1890. Doch zur städtischen Infrastruktur gehören nicht nur Gebäude und Straßen, sondern auch die Versorgung mit Licht, Energie und Wasser.

Aus einer Ulmer Privatinitiative entwickelte sich erstmals 1804, als Ulm noch bayerisch war, eine öffentliche Straßenbeleuchtung mit Öllaternen, welche die Bayern allerdings mitnahmen, als sie die Stadt 1810 an Württemberg abtreten mussten. Bald sollte Gas als Leuchtstoff das Öl ablösen. Zwei Tage nach der Eröffnung des städtischen Gaswerks gingen am 3. Dezember 1857 die neuen städtischen Gaslaternen in Betrieb.

Am anderen Donauufer suchte man sinnvollerweise einen Anschluss an das Ulmer Gasnetz. Nach zeitraubender Überwindung aller finanziellen und bürokratischen Hindernisse schlossen die beiden Städte im November 1871 einen Vertrag über die Gasversorgung Neu-Ulms, und im folgenden Jahr brannten auch dort die Gaslaternen.

Neu-Ulms Wahrzeichen, der neubarocke Wasserturm, wurde 1898/99 errichtet.

Anders verlief es mit dem Wasser. Ulm hatte ja schon seit dem Mittelalter ein städtisches Leitungsnetz, an das freilich nicht jedes Haus angeschlossen war. Es war daher höchste Zeit für eine zentrale Wasserversorgung. Die nahm am 6. Oktober 1873 ihren Betrieb auf und leitete Trinkwasser in zunächst über 1.000 Häuser, aber eben nur am linken Donauufer. Die Neu-Ulmer mussten sich noch ein weiteres Vierteljahrhundert mit Pumpbrunnen begnügen, bis das Wasser durch ein neues zentrales Leitungsnetz floss. Technische Voraussetzung dafür war ein Hochbehälter, der zum Wahrzeichen Neu-Ulms wurde: der Wasserturm. Er wurde 1898/99 im neubarocken Stil errichtet. Im März 1899 wurde erstmals Wasser in das neue Leitungssystem eingelassen. Am 24. Oktober 1900 wurde das Wasserwerk offiziell dem Betrieb übergeben.

Der elektrische Strom hielt 1891 in Ulm erstmals im neuen Schlachthaus dauerhaften Einzug. Dort trieb er die Kühlanlage an und spendete Licht, erzeugt von einer Dampfmaschine. Am Münster wurde mit Hilfe eines Gasmotors Strom erzeugt. Dann folgte die Bahnhofsbeleuchtung. Es gab also bereits eine punktuelle Stromerzeugung, aber noch keine zentrale, die etwa in der Lage gewesen wäre, eine Straßenbahn zu versorgen. Der Ruf nach einer solchen wurde 1892 laut, und am 30. März 1894 schloss die Stadt zwei Verträge mit der Elektrizitäts-Actiengesellschaft (El.AG Nürnberg) zum Bau einer Straßenbahn und zur Versorgung Ulms mit elektrischem Strom. Noch im selben Jahr wurde das Dampfkraftwerk an der Olgastraße gebaut, und am 1. Dezember 1895 nahm das Ulmer Elektrizitätswerk seinen Betrieb voll auf.

Die Bauarbeiten für die Straßenbahngleise waren in Ulm bereits im Gange, als am 16. April 1896 jenseits der Donau der Stadtmagistrat den Vertrag über die *Herstellung einer elektrischen Straßenbahn in der Stadt Neu-Ulm a. D.* unterzeichnete. Und so rollten am 15. Mai 1897 die ersten drei Triebwagen der Ulm-Neu-Ulmer Straßenbahn vom Münsterplatz zum Bahnhof Neu-Ulm, der 1875 ein neues, stattliches Gebäude erhalten hatte. Die elektrische Straßenbeleuchtung ließ dort allerdings noch auf sich warten. Erst nachdem Neu-Ulm 1899 einen Stromversorgungs-Vertrag mit den Bayerischen Elektrizitätswerken geschlossen hatte, erstrahlte die Stadt vom 1. Januar 1900 an im elektrischen Licht.

## Die Vollendung des Ulmer Münsters

Während dieser ganzen Entwicklung in der zweiten Hälfte des 19. Jhs. hatte sich die Ulmer Stadtsilhouette gewaltig verändert. Noch 1831 hatte der schwäbische Dichter Eduard Mörike bei einem Besuch der Stadt das Münster als einen *tyrannischen Koloss* bezeichnet, der zu sich selber baulich kein Verhältnis habe, weil der Turm um weniger als die Hälfte ausgebaut sei. Aber: *Das Fehlende hinzugedacht, ist alles unvergleichlich,* lautete Mörikes Fazit. 59 Jahre später war das Fehlende hinzugefügt – und das Münster unvergleichlich. Es besaß nunmehr den höchsten Kirchturm der Christenheit.

Das Fehlende hinzugedacht hatte bereits im Jahr vor Mörikes Urteil ein Lithograph, der den unfertigen *Koloss* neben ei-

Von Mai 1897 an verband eine grenzüberschreitende Straßenbahn Ulm und Neu-Ulm.

nem vollendeten Münster darstellte, wie die mittelalterlichen Baumeister es geplant hatten (s. S. 143). Das gigantische Unterfangen, den Turm innerhalb von fünf Jahren von seinen bis dahin 83 m auf seine heutige Höhe von 161,53 m auszubauen, folgte aus der Wiederentdeckung der Gotik, die auch in Köln, Regensburg oder Münster den steckengebliebenen mittelalterlichen Turmbauvorhaben die späte Vollendung bescherte. Doch anders als im Mittelalter wurde jetzt weniger zur höheren Ehre Gottes gebaut als zur Schaffung von Nationaldenkmälern.

Einen wesentlichen Anteil an diesem Vorhaben hatte der 1841 gegründete Verein für Kunst und Altertum in Ulm und Oberschwaben, der erste Altertumsverein im Land. Sein späterer Vorsitzender Conrad Dietrich Haßler (1803–1873) trug maßgeblich zur Finanzierung des Großprojektes bei, indem er als *Reisender* für *das größte Haus Deutschlands* im ganzen Reich Geld sammelte, unter anderem mit einer Münsterlotterie. Er, den wir schon als Ausgräber des alamannischen Gräberfelds am Kienlesberg kennengelernt haben, war einer der herausra-

**HINTERGRUND**

**DER ULMER SPATZ**

Jeder kennt die Geschichte vom Ulmer Spatzen: Weil die Ulmer so dumm waren, dass sie die Balken für den Münsterbau quer durchs Stadttor fahren wollten und damit scheiterten, wollten sie das Tor abbrechen. Dann aber sah einer von ihnen einen Spatzen, der oben am Turm den Strohhalm für den Nestbau der Länge nach in eine schmale Nische schob. Sie taten es ihm nach, und damit war das Stadttor gerettet. Zum Dank ließ der Rat dem Spatzen auf dem Münsterdach ein Denkmal setzen.

Diese Geschichte, im Kern eine Wandersage, gibt es ähnlich auch von anderen Orten. Dass sie in Ulm, wo sie erstmals 1826 nachzuweisen ist, so nachhaltig wirkte, lag zum einen daran, dass die Ulmer schon lange zuvor als »Spatzen« bezeichnet worden waren. Es lag daher nahe, den stark verwitterten steinernen Vogel, der auf dem Münsterdach thronte, durch einen Spatzen zu ersetzen, was 1854 geschah. Die vorausgegangenen heißen Diskussionen hatten der Spatzengeschichte zusätzlichen Auftrieb verschafft.

Ein weiterer Grund für die Nachhaltigkeit der Spatzensage ist, dass die Ulmer im 19. Jh. tatsächlich ihre mittelalterlichen Stadttore abbrachen, weil sie dem zunehmenden Verkehr im Weg standen und wertvollen Baugrund lieferten. Als die Stadt 1857 die Beseitigung des Neutors ins Auge fasste, erhob sich der Widerstand der Denkmalschützer. Conrad Dietrich Haßler brachte Gutachten bei und konnte den Abbruch zunächst hinauszögern, aber letztlich nicht verhindern.

Das rief den Ulmer Konditormeister Gustav Adolf Tröglen auf den Plan. Aus einer Dekomasse formte er die Spatzengeschichte und wählte als Kulisse das Neutor, dessen Abriss im Jahr 1860 er wie viele andere Ulmer für eine Riesendummheit hielt. Dabei machte er ein gutes Geschäft, und sein essbarer süßer Ulmer Spatz wurde noch populärer.

gendsten Ulmer des 19. Jhs. und seit 1858 Württembergs erster Landeskonservator.

Zunächst aber galt es, das buchstäblich ins Wanken geratene Münster vor dem Einsturz zu bewahren. Und so wurde, nach eingehender Untersuchung des Bauzustandes, 1844 wie-

»Das Fehlende hinzugedacht …«: Schon um 1830 mahnte der Künstler Rudolf Ellenrieder auf seiner Radierung die erst 60 Jahre später erfolgte Vollendung des Münsterturms an.

der eine Münsterbauhütte gegründet. Als erstes machte sie sich daran, dem Kirchenschiff mit 24 gewaltigen Strebebögen von 18 m Spannweite den nötigen Halt zu verschaffen, der ihm bis dahin gefehlt hatte. Nach dieser und weiteren Sicherungsmaßnahmen wurde die inzwischen zum Vorsatz gereifte Idee angegangen, das Münster zu vollenden. Das begann mit dem Bau der beiden Chortürme, für die zwar keine Pläne überliefert waren. Dass das Münster drei Türme haben sollte, war aber schon auf den beiden Gründungsreliefs aus dem 14. Jh. zu sehen. Nach fünf Jahren Bauzeit standen sie.

Um den Hauptturm vollenden zu können, musste der dazu berufene Münsterbaumeister August Beyer (1834–1899) zuerst das Gewicht des Turmes errechnen und die Fundamente verstärken. Das pyramidenförmige Notdach wurde im Juni 1883 abgebrochen und dann der Turm so verstärkt, dass am 30. Juni 1885, genau 508 Jahre nach der Grundsteinlegung, mit der Vollendung des Hauptturms begonnen werden konnte. Am 31. Mai 1890 setzten die Werkleute den Schlussstein in die riesige Kreuzblume. Bis die 87 m Gerüst abgebaut waren, dauerte es noch bis 1892. Dann war der Blick auf den Rekord-Turm frei.

# Krieg und Frieden

Mit der Ernennung zum Ehrenbürger würdigte die Stadt Ulm im Jahr 1872 den Generalleutnant Freiherr Moritz von Prittwitz und Gaffron für seine Verdienste als Erbauer der Festung Ulm in den Jahren 1842 bis 1850. 27 Jahre später wurde Rudolf von Zingler, Festungsgouverneur und General der Infanterie, mit der Ulmer Ehrenbürgerwürde ausgezeichnet und ein Jahr später, anno 1900, Freiherr Max Schott von Schottenstein, württembergischer Kriegsminister in Stuttgart. Beide erhielten die hohe Ehrung für ihre Verdienste um die Niederlegung der Umwallung; drastischer ausgedrückt: dafür, dass sie maßgeblich zur Zerstörung dessen beitrugen, was Ehrenbürger Prittwitz geschaffen hatte.

Was war geschehen?

## Das Korsett wird gesprengt

Zum einen war die nach modernsten festungstechnischen Erkenntnissen gebaute Bundesfestung Ulm bereits ein Jahr nach ihrer Fertigstellung waffentechnisch überholt, da die Geschütze mittlerweile dreimal so weit schießen und effektiver zerstören konnten als zur Zeit der Planung. Zum andern, und das war das Entscheidende, empfanden die Ulmer die Festung schon während des Baus als Zwangskorsett. Als daher der Preußisch-Österreichische Krieg 1866 die Auflösung des Deutschen Bundes zur Folge hatte, bat Ulms Stadtspitze das württembergische Innenministerium, die Stadt von der *steinernen Fessel* zu befreien, die *jede Entwicklung unmöglich* mache. Stuttgart antwortete mit einem klaren Nein.

Zwar hatten die Festungsplaner reichlich Entwicklungsspielraum innerhalb der Umwallung vorgesehen. Aber mit Eisenbahnknotenpunkt und Industrialisierung schritt der Expansionsbedarf der Doppelstadt so rapide voran, dass die Festung zum echten Hindernis wurde, nicht nur wegen ihrer Wälle, Gräben und Werke, sondern auch wegen des Verbots, innerhalb eines Abstands von bis zu 1.275 m in deren Vorfeld zu bauen, wie es die *Rayonbestimmungen* befahlen.

Schließlich gelang es dem Ulmer Oberbürgermeister Heinrich Wagner im Verein mit dem Festungsgouverneur Rudolf von Zingler und der Unterstützung des Kriegsministers Schott von Schottenstein, eines gebürtigen Ulmers, dem Deutschen Reich Ende 1899 für knapp 4 Mio. Mark knapp 70 Hektar der Hauptumwallung abzukaufen, denn seit der Reichsgründung 1871 war die einstige Bundes- nunmehr eine Reichsfestung.

Zäher verlief dieser Prozess in Neu-Ulm: Der dortige Bürgermeister Josef Kollmann hatte nicht nur mit Berlin, sondern auch mit München zu verhandeln, da das Festungsgelände Eigentum des bayerischen Staates war. So dauerte es bis zum 31. August 1906, sechs Jahre länger als in Ulm, bis Neu-Ulm mit dem »Entfestigungsvertrag« für 860.000 Mark knapp 73 Hektar Festungsgelände erwerben konnte.

Nun stand dem Abtragen der Wälle nichts mehr im Wege, was allerdings nicht auf ganzer Linie geschah. Deswegen umgibt noch heute ein Grüngürtel die Doppelstadt an Stelle der Umwallung, die an vielen Stellen, etwa im Neu-Ulmer Glacis oder im Bereich der Ulmer Wilhelmsburg, noch erhalten und seit dem Festungsjubiläum 2009 durch einen »Festungsweg« erschlossen ist. Schon am 26. April 1900 wurde der Ulmer Wall nach Osten durchbrochen.

Dort, in der östlichen Altstadt, hatte Ulm bereits 1889 begonnen, innerhalb des Festungsgürtels Wohnungen für städtische Bedienstete und Arbeiterfamilien zu errichten. Für dieselbe Einkommensschicht folgten von 1894 an »Arbeiter-Doppelwohnhäuser« auf der Unteren Bleiche, wofür die Stadt, um Spekulationsgeschäften vorzubeugen, schon vorausschauend den Grund erworben und eine Aufhebung der Rayonbeschränkungen erwirkt hatte. Vor allem aber konnten die Häuser zu Konditionen, die auch für Werktätige erschwinglich waren, von diesen – und nur von diesen – erworben werden. Für diese beispielhafte und zudem architektonisch durchaus reizvolle

**Für Arbeiterfamilien ließ die Stadt Ulm von 1894 an »Arbeiter-Doppelwohnhäuser« auf der Unteren Bleiche errichten.**

Arbeiter-Eigenheimsiedlung wurde die Stadtgemeinde Ulm auf der Pariser Weltausstellung 1900 mit einer Silbermedaille ausgezeichnet.

Als 1901 die Wälle im Westen abgetragen wurden, entstanden am Unteren Kuhberg weitere kommunale Arbeitersiedlungen und später auch im Lehrer Tal. Nunmehr planvoll entwickelte sich die Stadt nach Westen, um sukzessive mit dem 1905 eingemeindeten Vorort Söflingen zu verschmelzen. Ulm wuchs weiter den Michelsberg hinauf, im Osten in Richtung Friedrichsau, im Westen über den Galgenberg und in den 1930er-Jahren auf den Safranberg, wo schon 1912 das monumentale Krankenhaus im Jugendstil erbaut worden war. Als neue Stadtteile wurden 1926 Grimmelfingen und 1927 Wiblingen eingemeindet. Schon im Mai des folgenden Jahres wurde, um den Verkehr dorthin zu verbessern, in Verlängerung der Schillerstraße die neue Schillerbrücke eröffnet.

Kaum hatte Neu-Ulm 1906 die Befestigungsanlagen erworben, begann auch dort der Durchbruch, zunächst im Osten. Auf dem dortigen Wall wurde 1909/10 die Zentralschule errichtet. Der zu Ehren des Bürgermeisters benannte »Kollmannspark« wurde 1910 in der noch erhaltenen westlichen Umwallung beim Wasserturm angelegt. Zuvor bereits hatte Kollmann mit Blick auf die Stadterweiterung nach Osten Offenhausen davon überzeugt, sich wieder nach Neu-Ulm eingemeinden zu lassen. Das geschah zum Jahreswechsel 1907/08. Ein Industriegleis, 1907 gebaut, sollte die Attraktivität des dort geplanten Industriegebiets sichern. Neu-Ulm boomte. Die Volkszählung von 1910 ergab 12.395 Einwohner.

Wie sein Ulmer Kollege Wagner war auch Bürgermeister Kollmann bestrebt, möglichst viel Grund in städtischen Besitz zu bekommen, um die Ansiedelung steuern und Spekulation verhindern zu können. In diesem Zusammenhang war ihm schon vor dem Erwerb der Festungsanlagen ein besonderer Deal mit Ulm gelungen, das ja noch große Flächen auf Neu-Ulmer Terrain besaß und damit dortige Pläne durchkreuzen konnte. Kollmann nutzte den Ulmer Wunsch nach einer weiteren Donaubrücke sowie nach einem mit Illerwasser betriebenen Kraftwerk, um Ulm zum Verkauf dringend nötiger Grundstücke zu bewegen. So schlossen er und Wagner am 28. März 1899 einen entsprechenden Vertrag, in dem Neu-Ulm dem Bau der später so genannten Gänstorbrücke zustimmte, die Ulm bezahlte, und der beide Städte verpflichtete, gemeinsam auf Neu-Ulmer Boden den Illerkanal zu schaffen.

## Zwischen den Kriegen

Wenn auch wesentliche Teile der Festung fielen, änderte das nichts am militärischen Charakter der Doppelstadt. Im Gegenteil: Zu den Kasernen, welche in die profanierten Klosteranlagen Ulms und des nahen Wiblingen, ins Zeughaus sowie in die Werke und Außenforts der Bundesfestung eingezogen waren, wurden weitere errichtet. Auf die bereits erwähnte Friedens- oder Karls-Kaserne in Ulm und die zur selben Zeit erbaute Friedens- oder Zwölfer-Kaserne in Neu-Ulm folgten auf Ulmer Seite die Schiller-, später Gallwitz-, und die Ulanen-, später Sedan-Kaserne.

Neben den Kasernen gab es viele weitere militärische Einrichtungen in beiden Städten: Lazarette, Proviantämter, Schirrhöfe und Depots, Unteroffizierswohnungen, ein volles Dutzend Offizierskasinos und zwei Militär-Badeanstalten sowie Militärgefängnisse und die beiden Ulmer Garnisonskirchen. Zuerst war 1904 die katholische St.-Georgs-Kirche eingeweiht worden, ein Juwel der Neugotik, und 1910 die evangelische Pauluskirche, zu deren Bau Theodor Fischer erstmals Eisenbeton verwendet hat.

Die Doppelstadt war geprägt vom Militär. Im Jahr 1910 zählte Ulm 56.109 Einwohner, davon 7.787 »Militärpersonen«, und wurde daher 1911 unter die »großen Städte« mit über 50.000 Einwohnern eingereiht. Von den 12.395 Menschen, die in Neu-Ulm lebten, waren 2.309 Soldaten. Und als am 1. August 1914 mit Beginn des Ersten Weltkrieges die Mobilmachung verkündet wurde und die Reservisten in die Kasernen zogen, wurden es erheblich mehr, denn die nunmehrigen Kriegsgarnisonen in Ulm und Neu-Ulm zählten neben den regulären noch zahlreiche Ersatz-Truppenteile sowie neu aufgestellte und andere Feldformationen. So war allein die Neu-Ulmer Garnison im Oktober 13.000 Mann stark. Ulm benötigte im Verlauf des Ersten Weltkriegs eine weitere Kaserne, die 1916 am Kuhberg errichtet wurde und später Bleidorn-Kaserne hieß.

Die Euphorie, die Teile der Bevölkerung beim Auszug der Truppen noch demonstriert hatten, wich mit der wachsenden Zahl der Todesanzeigen. Bereits 1915 litt die Zivilbevölkerung zudem unter Versorgungsengpässen, zu denen auch die zahlreichen französischen und russischen Kriegsgefangenen beigetragen haben dürften, die auf der Gänswiese interniert waren. Die Kriegswirtschaft machte selbst vor der Beschlagnahme der zinnernen Bierkrug-Deckel nicht halt, und auch feindliche Luftangriffe waren nicht mehr auszuschließen. So befahl die Kommandantur am 17. November 1916 eine Probeabdunkelung der beiden Städte.

Hohe Opferzahlen bei ständigen Niederlagen – allein die Garnison der Doppelstadt verlor um die 30.000 Mann – sowie die wachsende Not der Bevölkerung führten auch hier zur Rebellion. In Neu-Ulm weigerten sich bereits von Mai 1918 an wiederholt kriegsmüde bayerische Soldaten zunächst, ins Feld zu ziehen, so dass württembergische Truppenteile mit aufgepflanztem Bajonett vor der Zwölfer-Kaserne Stellung bezogen! Das Gouvernement traf Vorkehrungen für den Fall revolutionärer Bewegungen im gesamten Festungsbereich. Am 7. November 1918 demonstrierte die Ulmer Arbeiterschaft für den Frieden. Am selben Tag wurde in München die Räterepublik ausgerufen, und zwei Tage später postierte der Neu-Ulmer Arbeiter- und Soldatenrat Maschinengewehre auf beiden Donaubrücken, um einen Einmarsch württembergischer Truppen in Bayern zu verhindern.

An jenem 9. November gründete sich auch in Ulm ein Arbeiter- und Soldatenrat, und zwar ziemlich undramatisch: *Die Umwälzung vollzog sich in Ulm in allergrößter Ruhe und Ordnung*, meldet das Tagebuch der kaiserlichen Kommandantur. Um die Ordnung zu gewährleisten, gründete der Ulmer Garnisonsrat eine Sicherheitskompanie, die weitere nach sich zog, welche dann allerdings auch auswärts tätig wurden. So wirkten sie mit bei der Niederschlagung des kommunistischen Aufstandes in Stuttgart im Januar 1919 und der Münchner Räterepublik im April/Mai 1919. Eine besonders blutige Rolle spielte dabei das *Freikorps Epp*, dessen Anführer, Oberst Franz Ritter von Epp, im April in Ulm Freiwillige gesammelt hatte.

Kurz darauf, im Mai, wählte Ulm erstmals einen Gemeinderat nach der neuen Kommunalverfassung, Neu-Ulm im Juni, wobei in Ulm die Deutschdemokraten und in Neu-Ulm die Sozialdemokraten die meisten Stimmen erhielten und erstmals jeweils zwei Frauen in die beiden Stadtparlamente einzogen. Die seit 1915 währenden Lebensmittel-Engpässe fielen jedoch an den beiden Donauufern unterschiedlich aus: Die Ulmer, die ihr Versorgungsgebiet jenseits der Donau verloren hatten, mussten tiefer in die Tasche greifen, um Milch, Butter, Eier und Fleisch zu kaufen, während die Bauern am bayerischen Ufer über zu niedrige Preise klagten.

Die im Friedensvertrag von Versailles festgeschriebene Rüstungsbeschränkung reduzierte die Garnison der Doppelstadt beträchtlich. In Ulm, wo während des Krieges durchschnittlich 20.000 Soldaten zu verzeichnen waren, wurden im Oktober 1919 noch 2.809 Militärpersonen gezählt und 1925 nur noch 1.538. Das führte unter anderem dazu, dass die Anzahl der Gastwirtschaften in Ulm von 330 im Jahr 1914 auf 203 anno 1925 sank. Neu-Ulm hatte seine Garnison und damit rund 2.500 Mann verloren. Dadurch wurde das repräsentative Offizierskasino am Donauufer frei, das von da an bis 1945 als Rathaus diente. Das konnte aber die Wirtschaft nicht entschädigen, die zuvor an den Soldaten verdient hatte und sich jetzt umorientieren musste. In Neu-Ulm erholte sie sich, als sich von 1920 an kontinuierlich Industrie ansiedelte.

Da die katholische Gemeinde Neu-Ulms wuchs, war schon vor dem Krieg an den Bau einer zweiten Kirche gedacht worden. Nach 1918 war dafür kein Geld mehr vorhanden, und so sollte die bestehende Kirche erweitert werden. Mit der Planung wurde der Stararchitekt Dominikus Böhm beauftragt, der damit etwas völlig Neues, einen expressionistischen Kirchenraum, schuf. So ungewöhnlich wie der Innenraum ist auch die Fassade. Ihre horizontalen Streifen bestehen aus den roten Ziegeln und den weißen Kalksteinen der abgebrochenen Festung. Am 8. Oktober 1927 wurde die Kirche geweiht; nach dem Wasserturm ist sie das zweite Wahrzeichen Neu-Ulms. Ein drittes wurde ebenfalls aus Festungsmauerwerk errichtet: das 1932 vollendete Kriegerehrenmal auf dem Schwal, der östlichen Spitze der Insel. Entworfen hatte es der in Neu-Ulm geborene Künstler Edwin Scharff (1887–1955), Mitbegründer der Münchner Sezession und Mitglied der Preußischen Akademie der Künste, der 1940 als »entarteter Künstler« von den Nationalsozialisten mit einem Arbeitsverbot belegt werden sollte. Nach seinem Tod ehrte ihn seine Vaterstadt, indem sie anlässlich ihrer 100-Jahr-Feier 1969 seine Großplastik *Drei Männer im Boot* auf einer hohen Brunnen-Stele vor dem Rathaus positionierte, ein neues Tagungs- und Kulturzentrum nach ihm benannte und ihm ein Museum widmete.

Die Fassade der katholischen Kirche St. Johann Baptist in Neu-Ulm. Der Markus-Löwe im Vordergrund wurde von den Nationalsozialisten als »kulturbolschewistisches Schandmal« entfernt.

Als entartet, genauer gesagt als *kulturbolschewistisches Schandmal* wurde vom Neu-Ulmer NSDAP-Kreisleiter auch der geflügelte Markus-Löwe des Bildhauers Fritz Müller-Kamphausen (1901–1955) eingestuft, der 1926 vor Böhms Kirchenbauwerk Stellung bezogen hatte. Er wurde daher 1934 entfernt und erst 1958, nach dem »Tausendjährigen Reich«, wieder aufgestellt.

Am 25. August 1928 stand Neu-Ulm Kopf. Hauptmann Hermann Köhl (1888–1938) besuchte seine Heimatstadt (s. S. 154). Zusammen mit Ehrenfried Günther Freiherr von Hünefeld, dem Pressereferenten des Norddeutschen Lloyd, und dem irischen Major James C. Fitzmaurice hatte er im April den ersten erfolgreichen Ozeanflug von Osten nach Westen unternommen, wofür sie in New York mit einer Konfetti-Parade empfangen worden waren. Oberbürgermeister Nuißl ernannte Köhl zum Ehrenbürger, und im selben Jahr wurde die bisherige Friedrichstraße nach ihm benannt.

## Das »Dritte Reich«

Das Unglück begann am 30. Januar 1933 mit Hitlers Ernennung zum Reichskanzler. Bei den Reichstagswahlen am 5. März erhielt die NSPAD in Ulm 45 und in Neu-Ulm 48,5 Prozent der Stimmen, bei reichsweit 43,9 Prozent. Am 17. März besetzten SS und Schutzpolizei das Ulmer Rathaus und beurlaubten Oberbürgermeister Dr. Emil Schwamberger, den sie am 9. Mai des Amtes enthoben und im Juli der Stadt verwiesen. In Neu-Ulm misslang der Versuch, den widerspenstigen Oberbürgermeister Franz Josef Nuißl aus dem Amt zu jagen, der beim Hissen der Hakenkreuz-Flagge am 10. März Zustimmung und Teilnahme verweigert hatte. Um im Amt bleiben zu können, wozu ihn viele gemäßigte Kräfte bewegt hatten, musste er allerdings Parteigenosse werden.

In beiden Städten begannen im März die Verhaftungen politischer Gegner, wurden in Ulm etwa 50 und in Neu-Ulm 14 Kommunisten in »Schutzhaft« genommen. Die Neu-Ulmer kamen nach Dachau, darunter der ehemalige SPD-Stadtrat, Bürgermeister und Landtagsabgeordnete Clemens Högg. Nach vorübergehender Freilassung wurde er 1939 erneut verhaftet und noch kurz vor Kriegsende im Konzentrationslager Bergen-Belsen ermordet. Die Ulmer Nazi-Gegner kamen in das württembergische Lager Heuberg bei Stetten am kalten Markt. Als es Ende 1933 aufgelöst wurde, richteten die Nationalsozialisten im Ulmer Bundesfestungs-Fort Oberer Kuhberg ein Kon-

Am 25. August 1928 besuchte der Ozeanflieger Hermann Köhl seine Heimatstadt Neu-Ulm.

zentrationslager ein, das sie euphemistisch »Schutzhaftlager« nannten. Dort zogen Ende 1933 die Häftlinge vom Heuberg ein, vor allem Kommunisten und Sozialdemokraten, darunter der SPD-Reichstagabgeordnete Kurt Schumacher und der KPD-Landtagsabgeordnete Alfred Haag. Bis zur Auflösung des KZs im Juli 1935 waren rund 600 Häftlinge dort zeitweise eingesperrt. Die letzten 30 wurden ins KZ Dachau verlagert. Seit 1985 erinnert das Dokumentationszentrum Oberer Kuhberg an dieses unselige Kapitel der Ulmer Stadtgeschichte.

Geräumt wurde das KZ, weil im März 1935 die 1919 abgeschaffte allgemeine Wehrpflicht wieder eingeführt worden war und die Wehrmacht das Fort Oberer Kuhberg brauchte. Doch das genügte bei weitem nicht. Im selben und im folgenden Jahr wurde in Ulm mit dem Bau von drei weiteren Kasernen begonnen, der Boelcke-Kaserne an der Römerstraße, der Prittwitz-Kaserne an der Stuttgarter Straße, die 1938 in »Flandern-Kaserne« umbenannt wurde, und der Hindenburg-Kaserne am Mähringer Weg. In Neu-Ulm hatte Oberbürgermeister Nuißl schon am 30. Januar 1933 in Hoffnung auf Rückkehr der Garnison weitere Kasernenbauten zu den vier bereits bestehenden gefordert. Bereits im Juli 1934 wurde mit dem Bau der Reinhardt-Kaserne an der Reuttier Straße begonnen und im Januar 1936 mit dem Bau der Ludendorff-Kaserne an der Memminger Straße.

Und so konnte der vom NS-Ministerpräsidenten eingesetzte Ulmer Oberbürgermeister Friedrich Foerster im August 1936 triumphierend verkünden, dass Ulm wieder eine der größten Garnisonen Deutschlands sei. Bis zu diesem Zeitpunkt war in Ulm die 5. Division aufgestellt worden, die daher das Münster auf einer Donaumöwe als Symbol wählte. Ihre Einheiten waren beiderseits der Donau stationiert, und so zählte allein Ulm zu Beginn des Zweiten Weltkrieges wieder 5.802 »Militärpersonen«.

Auch an die Luftwaffe war gedacht. Rechts der Donau, in Schwaighofen, hatte seit 1930 ein privater Hilfslandeplatz bestanden. Der wurde 1935 zu einem Notlandeplatz für die Luftwaffe und avancierte im folgenden Jahr zum »Einsatz-Hafen zweiter Ordnung«. Der Großflugtag des örtlichen Luftsportverbandes am 18. Mai 1936 zog 30.000 Besucher an, die zum Teil mit Omnibussen und Sonderzügen anreisten.

Eine grenzüberschreitende Baumaßnahme paramilitärischer Art war die »Ulmer SA-Dankopfer-Siedlung« bei Ludwigsfeld mit 71 Siedlerstellen. Die Stadt Neu-Ulm hatte den Grund und Boden zur Verfügung gestellt, da auf Ulmer Gemarkung kein Platz gewesen war. Die Stadt Ulm sorgte für die Wasserleitung. Zum Richtfest am 18. März 1939 marschierte ein »Ehrensturm« der SA mit Musik- und Spielmannszug auf. Dort, auf bayerischem Boden, sprach beim Richtfest auch der Ulmer Oberbürgermeister Foerster. Der hatte gerade einen neuen Vorstoß unternommen, Neu-Ulm nach Ulm einzugemeinden, wogegen sich sein Neu-Ulmer Kollege Nuißl allerdings mit aller Kraft stemmte. Bereits während der Weimarer Republik hatte Foersters demokratisch gewählter Vorgänger Emil Schwamberger die Vereinigung angestrebt, zumal damals Pläne bestanden, einen Kanal über die Alb vom Neckar zur Donau und von dort zum Bodensee zu bauen. Denn dessen Ulmer Hafen hätte nur am rechten Donauufer Platz gefunden.

Aber so, wie Neu-Ulm sich schon damals erfolgreich gegen eine Wiedervereinigung mit Ulm gewehrt hatte, verstand Nuißl es auch während des Dritten Reiches, dem »Großraum Ulm« zu entgehen, obwohl der politisch auf der Linie gelegen hätte. Als allerdings Neu-Ulm 1940 seine Kreisfreiheit verlor, weil die Einwohnerzahl auf unter 20.000 gesunken war, befürwortete Nuißl einen Zusammenschluss – wenn auch dergestalt, dass Ulm bayerisch würde. Damit war das Thema wieder einmal erledigt.

Schon kurz nachdem die Nazis in Ulm das Ruder an sich gerissen hatten, beteiligten sie sich am 1. April 1933 am reichsweiten Boykott unter dem Motto *Kauft nicht beim Juden!* Die systematische Ausgrenzung fand auch hier ihren vorläufigen traurigen Höhepunkt in der Pogromnacht vom 9. auf den 10. November 1938, als die Nazis die Synagoge auf dem Weinhof anzündeten und dort den Rabbiner sowie weitere Juden misshandelten, woran mindestens zwei Personen starben. Neu-Ulm ließ damals die Donaubrücke sperren, um Übergriffe durch die Ulmer SA zu vermeiden.

Drei Jahre später, am 1. Dezember 1941, wurden die ersten 20 Ulmer Juden nach Osten deportiert. Bis Februar 1945 wurden insgesamt 116 Männer und Frauen in die Vernichtungslager verschleppt, von denen nur vier überlebten. In Neu-Ulm hatten 1933 noch etwa 70 Juden gelebt. 1938, kurz vor der Pogromnacht, waren es noch 39. Anfang April 1942 sind die ersten sieben von insgesamt elf »verschubt« worden. Zwei weitere hatte Oberbürgermeister Nuißl vergeblich zu retten versucht. Der letzte Neu-Ulmer Jude wurde im Februar 1945 nach Theresienstadt deportiert, wo ihn die Rote Armee befreite.

Wie viele der Menschen in der Doppelstadt gegen diese Barbarei Widerstand geleistet haben, ist nicht zu beziffern, zumal selbst der aktive Widerstand in vielen Fällen erst Jahrzehnte später publik wurde, etwa die Flugblatt-Aktionen von Ulmer Schülern, die teilweise völlig individuell gegen das Regime agitierten oder die Widerstandsgruppe *Weiße Rose* in München unterstützten, deren bekannteste Mitglieder, die Geschwister Scholl, ebenfalls Ulmer waren. Hans Scholl hatte die *Weiße Rose* mitbegründet; seine Schwester Sophie stieß später hinzu. Ihre Flugblätter denunzierten die Unmenschlichkeit des Naziregi-

**SIEBEN TOTE VOR DEM RATHAUS**

*Die Maschinengewehre sind direkt unter unserem Haus in der Langen Straße platziert gewesen. Wir waren alle in den dritten Stock verbannt und durften nicht aus dem Haus gehen*, so erinnerte sich der Ulmer Otto Blind an den 22. Juni 1920. Im Alter von neun Jahren wurde er Augenzeuge der Hungerrevolte, die sich nahe seiner Wohnung vor dem Ulmer Rathaus abspielte. Es herrschten Arbeitslosigkeit und Wohnungsnot. Gerade waren die Preise für Milch, Butter und Käse um etwa 60 Prozent erhöht worden, während gleichzeitig die Löhne unter Druck gerieten. Deswegen hatten die Gewerkschaften für den 22. Juni 1920 zu großen Massenkundgebungen in ganz Württemberg aufgerufen.

Nach den Reden von Gewerkschaftsvertretern geriet die Kundgebung außer Kontrolle. Anders als vom Veranstalter geplant, marschierte die Menge zum Oberamt (Vorläufer des Landratsamtes). Ihre Zahl wurde amtlich auf 3.000 und von der sozialdemokratischen Presse auf 10.000 geschätzt. Unter einem symbolischen Galgen wurde der Oberamtmann – was dem heutigen Landrat entsprach – in einem Demonstrationszug zum Rathaus geschleppt. Die wütende Menge stürmte hinein und misshandelte auch Oberbürgermeister Emil Schwamberger.

Die Erregung stieg weiter, als 62 Polizisten mit aufgepflanztem Seitengewehr anrückten. Ein Stich mit dem Bajonett tötete das erste Opfer. Der überforderten Polizei kam die Reichswehr zu Hilfe. *Ein Maschinengewehr ging am Museum auf dem Taubenplatz, der damals noch zum Rathaus hin offen war, in Stellung*, berichtet ein anderer Augenzeuge. *Plötzlich rannte ein Mann mit erhobenem Stock auf das MG zu. Er war offensichtlich betrunken. Das Maschinengewehr gab einen kurzen Feuerstoß ab, und ich sah, wie der Mann von einer Geschossgarbe getroffen zusammenbrach. Er war tot.* Außer ihm wurden sechs weitere Personen erschossen und mindestens 26 verletzt.

Dieser »schwarze Dienstag« hätte wohl noch mehr Menschenleben gekostet, hätte nicht ein Offizier befehlswidrig der Menschenmenge die Möglichkeit gelassen, sich zu zerstreuen, anstatt sie gewaltsam abzudrängen. Er erntete dafür die Rüge seiner Vorgesetzten.

mes, das sich furchtbar rächte und die sechs Mitglieder der *Weißen Rose* 1943 aufs Schafott schickte.

Ende August 1944 ermordeten die Nazis den Wahl-Ulmer Eberhardt Finckh, Oberst im Generalstab, der in den Putschversuch nach dem Hitler-Attentat vom 20. Juli 1944 verstrickt war. Ob diese Verstrickung auch für Generalfeldmarschall Erwin Rommel gilt, ist umstritten, sie wurde ihm aber von den Machthabern unterstellt. Sie zwangen ihn zum Selbstmord, den er am 14. Oktober 1944 hinter Herrlingen beging. Doch wegen Rommels enormer Popularität, die ihm aufgrund seines Einsatzes im Afrika-Feldzug den Namen »Wüstenfuchs« eingebracht hatte, wurde ein natürlicher Tod vorgetäuscht und ein Staatsakt im Ulmer Rathaus mit anschließendem Staatsbegräbnis angeordnet.

Zwölf Jahre, nachdem es begonnen hatte, versank das »Tausendjährige Reich« in Schutt und Asche. Am 17. Dezember 1944 verursachte ein Hagel von knapp 100.000 Bomben der Alliierten den Feuersturm, der Hunderte von Menschenleben forderte und die Ulmer Innenstadt in eine Trümmerwüste verwandelte. Weitere Luftangriffe auf die Doppelstadt folgten von Februar bis April 1945, wobei die Großoffensive auf Neu-Ulm am 1. März und eine weitere drei Tage später die Stadt zum größten Teile zerstörte.

Die etwa 311.000 Bomben, die vom 13. Oktober 1940 bis zum 19. April 1945 auf die Doppelstadt gefallen sind, haben 1.775 Menschen in Ulm und 296 in Neu-Ulm getötet. Rund 3.000 Ulmer und 500 Neu-Ulmer Soldaten sind gefallen. Von 12.765 Gebäuden beider Städte blieben nur 2.630 unbeschädigt, das heißt, in beiden Städten waren rund 80 Prozent der Altstadt und etwa drei Viertel der Industrie-Anlagen, in Neu-Ulm sogar 86 Prozent der gewerblichen Wirtschaft, zerstört.

Doch die vier Brücken über die Donau waren noch heil, als am 24. April die amerikanischen Truppen auf die Doppelstadt zumarschierten. Um sie aufzuhalten, gab der NS-Kampfkommandant Befehl, die Brücken zu sprengen. Zuvor noch hatten sich die lokalen Nazi-Größen – der Oberbürgermeister, der Polizeidirektor und die Kreisleitung – ans rechte Donauufer abgesetzt und das Weite gesucht.

# Auferstanden aus Ruinen

Die Gesamttrümmermasse Ulms wurde nach dem Stand von 1945 auf 1,2 Millionen Kubikmeter festgestellt. Bis Ende 1947 waren davon 220.000 Kubikmeter = 18 Prozent beseitigt. So schrieb Robert Scholl, Vater der von den Nazis ermordeten Geschwister Hans und Sophie, im Jahr 1948, als seine kurze Amtszeit als Ulmer Oberbürgermeister zu Ende ging. Im Juni 1945 hatten ihn die Amerikaner zum Stadtoberhaupt ernannt. Am 21. März 1948 wählten die Ulmer den Mann wieder ab, der das schiere Chaos zu regieren hatte: eine zertrümmerte Stadt, durch unterschiedliche Besatzungszonen von ihrem Hinterland abgeschnitten und überflutet von Flüchtlingsmassen. Um diese immense Aufgabe bewältigen zu können, musste der von den Nazis verfolgte Vater der Widerstandskämpfer auch auf Nazi-Mitläufer in der Verwaltung zurückgreifen und forderte im Übrigen Reintegration statt Vergeltung. Das verübelte ihm die öffentliche Meinung – mit Erfolg.

## Vertriebene und Entwurzelte

Als die Amerikaner am 24. April 1945 in der Doppelstadt einmarschiert waren, hatte sich ihnen eine Trümmerlandschaft dargeboten. Vom Ulmer Hauptbahnhof aus hatte man freien Blick auf das Münster. Um die Städte wieder lebensfähig zu machen, mussten als erstes die Straßen und Plätze vom Schutt befreit werden: Zu den von Scholl erwähnten 1,2 Mio. m³ kamen in Neu-Ulm weitere 158.000 m³. Erst gute zwei Jahre nach Kriegsende, im Sommer 1947, waren alle Straßen wieder frei, aber nach wie vor prägten Ruinen die Stadtlandschaft. 1954 zählte Ulm noch immer 182.000 m³ Schutt. Ein großer Teil davon fand Verwendung, um das Ulmer Donautal um 2,5 m aufzufüllen; dies schaffte die Voraussetzung für ein neues, dringend benötigtes Industriegebiet.

Am Ende des Zweiten Weltkriegs waren rund 80 Prozent der Innenstädte von Ulm und Neu-Ulm zerstört.

Die Wiederherstellung der Wohnungen wurde durch zwei gravierende Probleme erschwert: den Mangel an Baustoff und den Mangel an Arbeitskräften. Der Zustrom an Flüchtlingen konnte wenigstens das zweite Problem lindern. Und so waren noch unter Scholls Ägide bis Ende 1947 von den zerstörten Ulmer Wohnhäusern 18 Prozent wiederhergestellt. Auch in Neu-Ulm verlief der Wiederaufbau zügig – zügiger als in den anderen Städten Bayerns.

Das Chaos, welches das NS-Regime der Doppelstadt hinterlassen hatte, war unsäglich. Verschleppte Zwangsarbeiter und Kriegsgefangene waren nunmehr frei und mussten ebenso versorgt werden wie die entwurzelten »Hilfswilligen« aus Osteuropa, die dort als Nazi-Kollaborateure liquidiert worden wären. Zu den 300.000 Heimatvertriebenen, die zwischen 1945 und 1948 das staatliche Durchgangslager in der ehemaligen Kienlesberg-Kaserne passierten, kamen noch über 200.000 Spätheimkehrer, meist aus russischer Kriegsgefangenschaft.

Hatten sich bei Kriegsende im April 1945 rund 4.000 Ausländer in Ulm aufgehalten, so befanden sich im Juni bereits 15.000 in den Lagern der Nothilfe- und Wiederaufbauverwaltung der Vereinten Nationen (UNRRA).

Zu diesen »Displaced Persons« (DPs) kamen noch osteuropäische Juden, deren Zahl im Dezember 1946 auf 6.520 angestiegen war, wodurch Ulm das größte Zentrum jüdischer DPs in der US-Besatzungszone wurde. Sie waren in den ehemaligen Ulmer Kasernen untergebracht. In den Neu-Ulmer Kasernen weilten um diese Zeit rund 4.000 DPs, deren Gesamtzahl in Neu-Ulm knapp 6.000 betrug, darunter 1.700 polnische Juden.

Das drängendste Problem war, den Menschen zum Leben und Arbeiten ein Dach über dem Kopf zu sichern. Dabei regierte in Ulm von Anfang an die Einsicht, dass ein Wiederaufbau nicht einfach dem alten Muster folgen könne, sondern dass es grundsätzliche Überlegungen geben müsse, wie die Stadt künftig strukturiert und gestaltet sein solle. So war schon lange vor dem Krieg die Notwendigkeit einer belastungsfähigen Ost-West-Verbindung durch die Innenstadt erkannt worden. Die Schneisen, welche die Bomber in die Innenstadt geschlagen hatten, boten dafür eine Chance. Um sich diese nicht im wahrsten Sinne des Wortes zu verbauen, verhängte die Stadt im Sommer 1946 eine Bausperre. In den folgenden Jahren entstand die Neue Straße, welche die Altstadt für Jahrzehnte durchschnitt und sich zur Stadtautobahn entwickelte.

Die Frage, wie das neue Ulm aussehen solle, erhitzte in zunehmendem Maße die Gemüter. Die Modernisierer wollten aus den Ruinen eine Stadt erstehen lassen, die einen anderen Geist atmete als den braunen der Vergangenheit. Und da sie als dessen Brutstätte die historische Bausubstanz mit ihren Giebeln verdächtigten, propagierten sie eine Stadt mit traufständigen Häusern und Flachdächern. Damit stießen sie auf den erbitterten Widerstand der Traditionalisten und Denkmalschützer, die das von Giebeln geprägte Stadtbild bewahren wollten und wenigstens in der Randbebauung des Münsterplatzes einen Teilerfolg errangen.

Auch in Neu-Ulm gab es Pläne, die Zerstörung zu nutzen, um die Struktur der Stadt zu verändern, aber die stießen auf

Ablehnung. Doch die Freiflächen, welche die Bomben hinterlassen hatten, wurden zum Bau eines großzügig bemessenen Rathauses samt großem Vorplatz und, nach dem Abbruch der Friedens-Kaserne, für ein Wohnviertel und ein Betriebs- und Geschäftsgebäude des Überlandwerks Neu-Ulm genutzt, das die Stadt mit Strom versorgte. Zwischen Neu-Ulm und Offenhausen entstand ein neues Stadtviertel.

## Schon wieder Garnison – und Hauptquartier

Das Kriegsende bedeutete zunächst das Ende der Garnisonen Ulm und Neu-Ulm. Aber das währte nur kurz, denn die Doppelstadt wurde 1951 US-Garnison – mit der Folge, dass die Kasernen geräumt werden mussten, die als Notunterkünfte für DPs dienten. Als Ersatz baute Neu-Ulm für die Hilfswilligen der deutschen Wehrmacht aus der Ukraine und anderen Teilen der Sowjetunion die »Elefantensiedlung«, benannt nach den in Stein gemeißelten Dickhäutern, die es verschönerten. Die freigewordene Reinhardt-Kaserne hieß von nun an »Nelson Barracks«, die Ludendorff-Kaserne wurde zu den »Wiley Barracks«, die um eine weitere Kaserne sowie Kirche, Kino und Klubgebäude auf dem anschließenden Exerzierplatz erweitert wurden. Zwischen Wiley-Areal und Glacis bauten die Amerikaner eine »Housing Area« mit 618 Wohnungen, und der Flugplatz Schwaighofen mutierte zum »Ulm Army Airfield«.

Die US-Armee bezog auch die Ulmer Hindenburg-Kaserne am Oberen Eselsberg, die von da an »Ford Barracks« hieß. Unmittelbar nördlich davon wurden sechs langgezogene Wohnblocks für die US-Garnison gebaut, die »Ford-Housing-Area«. Unterhalb davon wuchs ein neuer Stadtteil für Flüchtlinge und Heimatvertriebene auf dem Eselsberg. Als Mitte der 1950er-Jahre eine neuerliche Flüchtlingswelle aus der DDR in Ulm weitere Wohngebiete erforderte, entstand der Stadtteil Böfingen. Das war dringend nötig, denn 1957 hausten immer noch rund 8.000 der knapp 11.000 DDR-Flüchtlinge in den vier Lagern Wilhelmsburg, Sedan-Kaserne, Untere Kuhberg-Kaserne und Römerstraße.

Die Gründung der Bundeswehr brachte 1956 erneut deutsche Soldaten nach Ulm. Der Heeresstab II bezog die Kienlesberg-Kaserne. In den folgenden Jahren traten die Amerikaner ihre Ulmer Kasernen nach und nach an die Bundeswehr ab. Die errichtete 1962 auf dem Lerchenfeld, Gemarkung Dornstadt, eine weitere, die seit 1965 Rommel-Kaserne heißt. Die Stadt war wieder Sitz einer deutschen Garnison, die 1976 eine Stärke von über 6.000 Soldaten plus 1.200 Zivilbeschäftigte erreicht hatte.

Die atomare Abrüstung, das Ende des Kalten Krieges und die daraus folgende Verkleinerung der Bundeswehr ermöglichte es Ulm 1995, das 44 Hektar große Gelände der Boelcke-Kaserne zu erwerben, um darauf Wohnungen zu bauen. Mit der Bundeswehrreform von 2011 wurden weitere Kasernen frei. Der Standort Ulm, zu dem auch Dornstadt und Setzingen gehören, zählte Mitte 2016 noch knapp 3.500 Soldaten und zivile Mitarbeiter, davon 1.250 in der Rommel-Kaserne Dornstadt, rund 60 im Munitionslager Setzingen und 780 Beschäftigte, davon 350 Ärzte, im Bundeswehrkrankenhaus. Im März 2017 kaufte die Stadt Ulm dem Bund die 8,6 Hektar der Hindenburg-Kaserne ab, um darauf 900 neue Wohnungen zu bauen und Platz für Gewerbe zu schaffen. Bereits zuvor, 1986, hatte Ulm vom Bund für den symbolischen Preis von 1 DM die Wilhelmsburg erworben.

Der geplante Erwerb weiterer Kasernen geriet jedoch ins Stocken, als Anfang Juni 2018 bekannt wurde, dass die NATO-Bündnispartner die Ulmer Wilhelmsburg-Kaserne zum Sitz des neuen Kommandos für Militärtransporte und Logistik auserkoren haben. Von diesem Hauptquartier aus sollen die Auslandseinsätze für die NATO, die EU und die Vereinten Nationen geführt werden – was in der Öffentlichkeit die alten Bedenken wieder aufleben ließ, Ulm könnte dadurch zur gegnerischen Zielscheibe werden.

Nach ihrem Abzug aus Ulm konzentrierten die Amerikaner ihre Garnison in Neu-Ulm, das wiederum ohne Bundeswehr blieb. Die US-Präsenz wurde zum ernsthaften Problem, als Ende 1979 der NATO-Nachrüstungs-Doppelbeschluss verabschiedet wurde. Er besagte, dass von den 108 in Deutschland stationierten Pershing-II-Raketen, die mit ihren Atomsprengköpfen in knapp fünf Minuten die Sowjetunion erreichen konnten, 36 in Neu-Ulm lagern sollten, das damit zum natürlichen Ziel eines potentiellen sowjetischen Raketenangriffs wurde. Die Folge waren Demonstrationen und Kundgebungen gegen die Stationierung. Deren Höhepunkt war die 108 km lange lückenlose Menschenkette von den Patch Barracks in Stuttgart-Vaihingen über die Schwäbische Alb bis zu den Neu-Ulmer Wiley Barracks, zu der sich am 22. Oktober 1983 eine Viertelmillion Menschen die Hände reichten.

Als sich vier Jahre später die USA und die Sowjetunion auf die Beseitigung aller amerikanischen und sowjetischen landgestützten nuklearen Mittelstreckenraketen einigten, zogen 1988 auch die ersten Atomraketen aus Neu-Ulm ab. Die US-Streitkräfte folgten ihnen 1991, als ihr Stützpunkt geschlossen wurde. Bis dahin waren dort zeitweise über 9.000 Amerikaner plus 2.100 Frauen und Kinder anwesend. Die freigewordenen Flächen erwarb die Stadt. Damit war Neu-Ulm endgültig »zivilisiert« und keine Garnisonsstadt mehr.

### Erneute Brückenschläge

Die US-Garnison war auch treibende Kraft für eine neue Donaubrücke, deren Tragfähigkeit den Militärtransporten standhalten konnte. Nachdem die anderen Brücken wieder aufgebaut waren, wurde Ende 1954 als Ersatz für die nur provisorisch wiedererrichtete Schillerbrücke die Ringbrücke dem Verkehr übergeben. Später erhielt sie den Namen »Konrad-Adenauer-Brücke«.

Was die politischen Brückenschläge zwischen den beiden Städten betrifft, verhielt sich Neu-Ulm weiterhin spröde gegenüber den Umarmungsversuchen, zu denen Ulm sich ermuntert sah. Denn die Bundesregierung hatte 1952 einen Sachverständigenausschuss zur Neugliederung des Bundesgebietes eingesetzt, den der ehemalige Reichskanzler Hans Luther leitete. Der sog. »Luther-Ausschuss« hielt die Vereinigung der beiden Städte für sinnvoll. Auch das neue Bundesland Baden-Württemberg sprach sich für eine Vereinigung beider Städte aus. Bayern war dagegen – es sei denn, Ulm würde Bayern zugeschlagen. Die Idee wurde ad acta gelegt. Ebenso erging es 1973 dem Vorschlag der Ernst-Kommission, die ebenfalls von der Bundesregierung mit der Neugliederung betraut war und vorschlug, Neu-Ulm von Bayern zu trennen – mit der zu erwartenden Antwort aus München.

Da den Bürgern beider Städte die Grenze herzlich egal war und ist, musste die Politik dem auf Dauer Rechnung tragen. Und so tagte am 29. Juni 1969 erstmals in der Geschichte der Doppelstadt der Ulmer Gemeinderat und der Neu-Ulmer Stadtrat gemeinsam im Ulmer Rathaus mit dem Ziel, die Zusammenarbeit zu verbessern. Am 15. Januar 1971 folgte der Städtevertrag, der diese Zusammenarbeit zur Pflicht machte. Einen herben Rückschlag bedeutete allerdings, dass Neu-Ulm seine 1948 zurückgewonnene Kreisunmittelbarkeit 1972 wieder verlor, im Landkreis Neu-Ulm aufging und einen Teil seiner Handlungsfähigkeit einbüßte. Daran änderte auch der neue Titel »Große Kreisstadt« nichts.

Die Rückkreisung war Folge der Gebietsreform in Bayern. Baden-Württemberg folgte mit dieser Reform ein halbes Jahr später, was Ulm seinen Landkreis kostete. Dessen Gemeinden gingen im Alb-Donau-Kreis auf, während Ulm seither einen Stadtkreis bildet mit den 1971 bis 1975 eingemeindeten Vororten Mähringen, Eggingen, Donaustetten, Einsingen, Ermingen, Gögglingen und Lehr.

Die Stadt Neu-Ulm wuchs von 1972 bis 1977 um die Vororte Gerlenhofen, Finningen, Hausen und Jedelhausen, Burlafingen, Holzschwang, Pfuhl, Reutti und Steinheim. Somit zählte Neu-Ulm 61.448 Einwohner zum Stichtag 31. Dezember 2017 und somit deutlich mehr als die 50.000, welche die Bayerische Gemeindeordnung als Mindestgröße für eine kreisfreie Stadt vorsieht. Kein Wunder, dass der Wunsch nach Kreisfreiheit wieder stärker wurde, für den sich 2016 der Kampfbegriff »Nuxit« (NU = Neu-Ulm; exit = Ausstieg) einbürgerte. Der Neu-Ulmer Stadtrat entschied am 21. März 2018 mit 32 zu 10 Stimmen, beim Freistaat Bayern einen Antrag auf Kreisfreiheit zu stellen, was eine heftige Kontroverse in der Öffentlichkeit auslöste.

Manche betrachten den »Nuxit« auch als Voraussetzung für eine Wiedervereinigung der Doppelstadt, die nach Verlust der Kreisfreiheit 1972 einmal mehr vom Tisch war. Dessen ungeachtet schritt damals die punktuelle Zusammenarbeit fort: Begonnen hatte sie mit dem Bau der 1957 eröffneten gemeinsamen Sammelkläranlage im Neu-Ulmer Steinhäule, und 1968 war sie mit einem Zentralschlachthof für Ulm und Neu-Ulm im Donautal fortgesetzt worden. 1983 beteilige sich Neu-Ulm an den im Jahr zuvor gegründeten Stadtwerken Ulm (SWU), und zehn Jahre später wurde die Ulm/Neu-Ulm Touristik GmbH (UNT) gegründet als Vermarktungsgesellschaft der beiden Städte für die Bereich Tourismus und Tagungswesen.

Dennoch flammten immer wieder Querelen auf, die zu einem guten Teil auf den Animositäten zwischen den handelnden Personen beruhten. Das überwand, just ins Amt gewählt, Ulms Oberbürgermeister Ivo Gönner, der 1992 mit seinem Neu-Ulmer Kollegen Peter Biebl ein Zwölf-Punkte-Programm zur Zusammenarbeit in konkreten Projekten vereinbarte. Die guten Erfahrungen führten zur Erkenntnis, dass es beiden Städten förderlich sei, ihr Konkurrenzverhältnis zu überwinden. Am 1. Januar 2000 gründeten sie den Stadtentwicklungsverband Ulm/Neu-Ulm, um gemeinsam ihre Grundstücke zu vermitteln und zu vergeben, Betriebsverlagerungen zu unterstützen und Standortmarketing zu betreiben.

## Boom und Krise

Die alliierten Bomberverbände hatten auch die Wirtschaft beider Städte getroffen. Doch relativ schnell war die Infrastruktur für einen Neuanfang geschaffen. Der Bau des Donaukraftwerks Böfinger Halde 1953 war dabei ein Meilenstein. Die Produktion lief wieder an und nahm nach der Währungsreform 1948 Tempo auf. Allein in Neu-Ulm stieg die Zahl der Industriebetriebe mit zehn und mehr Beschäftigten von 1950 bis 1955 um ein Drittel.

In Ulm änderte die Industrie nach dem Krieg ihre Struktur. War sie vor dem Krieg noch vorwiegend durch Textil- und

Der Bau des Donaukraftwerks Böfinger Halde 1953 war ein wichtiger Beitrag für den Wiederaufbau.

Nahrungsmittelproduktion geprägt, dominierte nach dem Krieg die Metall- und Elektroindustrie. Dazu trug wesentlich die Firma Telefunken bei, deren Röhrenwerk als kriegswichtiger Betrieb von Mai 1944 an vom polnischen Łódź nach Ulm auf die Wilhelmsburg verlegt worden war – und mit ihm rund 1.400 polnische Zwangsarbeiter.

In der Metallindustrie boomten die Nutzfahrzeughersteller Magirus, Klöckner Humboldt Deutz (KHD), Kässbohrer und Kögel. Gleich drei Waffenhersteller hatten ihren Weg aus dem sowjetisch besetzten Thüringen nach Ulm gefunden: Walther, der später für »James Bond« die PPK herstellte, Anschütz und Krieghoff. Auch in Neu-Ulm siedelten sich gleich nach dem Krieg Betriebe aus der damaligen sowjetisch besetzten Zone an, etwa die Südwest-Chemie, die Webereimaschinen-Fabrik Grosse und die Reinz-Dichtungsgesellschaft.

Die meisten dieser (Familien-)Betriebe sind mittlerweile in internationalen Konzernen aufgegangen. So ging es auch

Das stilisierte Ulmer Münster auf dem Kühler der Magirus-Fahrzeuge war weltweit präsent.

dem Farbbildröhrenwerk Videocolor. Ursprünglich ein Teil des Ulmer AEG-Telefunken-Röhrenwerks, war es durch Kooperation mit dem französischen Elektrokonzern Thomson-Brandt unter dessen Kontrolle geraten und von diesem 1981 für nicht mehr rentabel erachtet worden. Am 17. November 1981 erhielt der Betriebsrat die Nachricht der Geschäftsleitung, dass sämtlichen 1.683 Mitarbeitern gekündigt werde. Das war ein unerhörter Paukenschlag – Entlassungen dieses Ausmaßes hatte es in der Doppelstadt bis dahin nicht gegeben. Die Schließung geriet zu einem wochenlangen Drama mit Streik und Betriebsbesetzung, das bundesweit auf Empörung und auf Solidarität mit der Belegschaft stieß. Vergebens: Das Werk wurde dichtgemacht.

Damit nicht genug: Ende des Jahres 1982 gab es in den beiden AEG-Telefunken-Werken 312 Arbeitsplätze weniger. Um dieselbe Zeit begann auch Ulms anderes Standbein zu schwächeln, die Nutzfahrzeug-Industrie. Im Jahr 1982 gingen bei Magirus-Deutz 1.083 Arbeitsplätze verloren und bei Klöckner-Humboldt-Deutz 152. Dieser Trend setzte sich fort. 1984 zählte Ulm 7.000 Arbeitsplätze weniger als noch vier Jahre zuvor, was auch die Neu-Ulmer Pendler massiv betraf.

Es galt also, die einseitige Wirtschaftsstruktur zu ändern. Dazu trugen die damals reifenden Pläne bei, Ulm zu einer Wissenschafts- und Forschungsstadt auszubauen, in der staatliche und private Forschung zusammengeführt werden sollten. Dieses gewaltige Projekt gelang einem Team, dem neben dem damaligen Oberbürgermeister Ernst Ludwig auch der baden-württembergische Ministerpräsident Lothar Späth, der Rektor der Universität Ulm, Theodor Fliedner, und der Daimler-Benz-Chef Edzard Reuter angehörten. Als Voraussetzungen waren die 1963 gegründete Fachhochschule (später: Hochschule Ulm, von März 2019 an Technische Hochschule Ulm) sowie die vier Jahre später gegründete Universität Ulm vorhanden. Ein weiterer Pfeiler war AEG-Telefunken, wozu später weitere Firmen kamen, wie etwa Daimler, Nokia und Siemens. So entstanden die sog. An-Institute, als erstes 1985 das ILM-Institut für Lasertechnologien in der Medizin und danach Forschungszentren großer internationaler Konzerne.

## Quantität und Qualität

Der Strukturwandel, den der Videocolor-Schock ausgelöst hatte, half der Doppelstadt aus der Krise. Schnell wurde die Wissenschaftsstadt zum größten Arbeitgeber der Region und bot drei Jahrzehnte später zusammen mit den Universitätskliniken etwa 11.500 Menschen der Region Arbeit. Mit der Wirtschaft wuchs die Bevölkerung. Wie in ganz Deutschland hatte die Doppelstadt ausländische Arbeitskräfte benötigt, nachdem durch den Mauerbau der Zustrom aus der DDR versiegt war. Beiderseits der Donau entstanden neue Wohnviertel, auch außerhalb der Kernstadt, in Wiblingen und Ludwigsfeld. Über 300 Wohnungen bot allein das 1975 fertiggestellte Donaucenter, der monumentale »städtebauliche Akzent«, den Neu-Ulm unmittelbar ans Ufer der Kleinen Donau postiert hatte – ein weiteres, wenn auch höchst umstrittenes Wahrzeichen.

Die Infrastruktur entwickelte sich entsprechend. Bereits 1960 hatte Neu-Ulm mit der neuen Berufsschule sein bis dahin teuerstes Hochbauprojekt gestemmt. 1994 wurde als Abteilung der Hochschule Kempten eine betriebswirtschaftlich und international orientierte Fachhochschule gegründet, die seit 1998 selbständig ist und seit 2008 Hochschule Neu-Ulm (HNU) heißt. Ulm gründete Anfang der 1970er-Jahre auf dem Kuhberg gleich ein ganzes Bildungszentrum mit Gymnasien, Real-, Berufs- und Berufsfachschulen, das inzwischen mit rund 8.000 Schülern zu den größten Schulzentren in Baden-Württemberg gehört.

Nachdem die Wiederaufbauphase abgeschlossen und die Infrastruktur gesichert war, konnten sich beide Kommunen um ihre Stadtqualität kümmern. 1977 leistete sich Neu-Ulm das Edwin-Scharff-Haus, ein Tagungs- und Kongresszentrum mit Hotel, das zunächst das Edwin-Scharff-Museum mit Werken des aus Neu-Ulm stammenden Künstlers aufnahm. Das zog 1999 um an den neuen Petrusplatz, der im Rahmen des »Innenstadtkonzepts« von 1991 bis 1994 durch Vergrößerung des einstigen Marienplatzes geschaffen worden war, der mit Teilen der Marien- und der Schützenstraße zur Fußgängerzone verschmolz. Beide Städte profitierten von der Landesgartenschau 1980, die Ulm eine neu gestaltete Friedrichsau und Neu-Ulm einen Ausbau des westlichen Glacis zum Naherholungsgebiet bescherte.

Im folgenden Jahrzehnt entwickelte Ulm ein anspruchsvolles Stadtqualitätsprogramm. Dessen Aufsehen erregender Höhepunkt war die Gestaltung des Münsterplatzes, ein Thema, seit dort 1876 der große Komplex des Barfüßerklosters aus dem 13. Jh. abgebrochen worden war. Der Entwurf des New Yorker Stararchitekten Richard Meier für ein modernes Stadthaus führte zu erbitterten Kontroversen in der Bürgerschaft. Ein Bürgerentscheid ergab 1987 zwar eine Mehrheit an Nein-Stimmen, doch war er ungültig, da die Beteiligung zu gering war. Das Stadthaus wurde 1993 eingeweiht.

Im selben Zeitraum wuchs das ebenfalls umstrittene Kongresszentrum mit 16-stöckigem Hotel am östlichen Ende der Altstadt. Noch viel umstrittener war der Plan, die Verkehrsschneise Neue Straße in einen Tunnel zu verlegen und daneben eine Tiefgarage zu bauen. Das verhinderte jedoch ein Bürgerentscheid.

An neuen Plänen, die trennende Autobahn für die Menschen zurückzugewinnen, wurden die Bürger beteiligt. Das Ergebnis ist Ulms »Neue Mitte«: Die Fläche wurde mit Gebäuden erster architektonischer Güte bebaut und der beruhigte Verkehr auf wenige Fahrspuren reduziert. An der Tiefgarage wurde festgehalten. Die Bauarbeiten begannen 2002 mit einer der größten archäologischen Flächengrabungen der Republik, die das Zentrum des stauferzeitlichen Ulm freilegte. Mit der Eröffnung der Kunsthalle Weishaupt im November 2007 war die »Neue Mitte« vollendet.

Die Neu-Ulmer Stadtentwicklungsziele seit den 1990er-Jahren lassen sich unter dem Stichwort »Konversion« zusammenfassen: Umgewandelt werden sollten sowohl die einstigen Flächen der US-Garnison als auch das Bahnhofsgelände. In den Jahren 1993 und 1994 erwarb Neu-Ulm für 86 Mio. DM die ehemaligen militärischen Liegenschaften, zusammen 142 Hektar, was knapp 200 Fußballfeldern entspricht, und die Elefantensiedlung. Es war das größte Grundstücksgeschäft der Stadtgeschichte.

Auf dem südlichen Wiley-Gelände entstand die neue Südstadt für fast 4.000 Menschen, auf dem mittleren die Hochschule Neu-Ulm und im Rahmen der Landesgartenschau 2008 ein Sport- und Freizeitpark. Für Wiley Nord wurden unter anderem über 250 neue Wohnungen, eine Grundschule und Kultureinrichtungen geplant.

Das zweite große Konversionsprojekt namens »Neu-Ulm 21« war Ende 2007 abgeschlossen. Kernstück war die Tieferlegung des Bahnhofs, wodurch die Zahl der Bahngleise, die zuvor die Innenstadt durchschnitten hatten, von 16 auf 4 reduziert wurde. Da der Trog, in dem sie verlaufen, großenteils überdeckelt ist, wurden 18 Hektar neue Flächen gewonnen, auf denen unter anderem ein Busbahnhof und eine »grüne Brücke«

▶ **Vogelperspektive über beide Städte – im Vordergrund Neu-Ulm, im Hintergrund Ulm.**

Richtfest der Hochschule für Gestaltung am 5. Juli 1954. V. l. Hermann Josef Abs, Otl Aicher und Inge Scholl. In der Mitte mit Trenchcoat Max Bill.

in die Südstadt geschaffen wurden. An der Stelle des alten Bahnhofsgebäudes entstand ein neues Einkaufszentrum.

Zur Stadtqualität tragen freilich noch ganz andere, schon lange existierende Faktoren bei wie die Sportstätten und die kulturellen Einrichtungen. Als das Ulmer Donaustadion 1925 eröffnet wurde, zählte man rund 40.000 Zuschauer. In der Nachkriegszeit feierten dort die Torhüter Toni Turek und Wolfgang Fahrian ihre Triumphe und später die Ulmer Metzgerssöhne Uli und Dieter Hoeneß. In der Saison 1999/2000, als die Ulmer Fußballer kurzzeitig die 1. Bundesliga schmückten, schrieb das Donaustadion Geschichte als erstes eines Bundesligavereins, das über einen separaten Nichtraucherblock mit 500 Plätzen verfügte. Sportgeschichte schrieben auch die Ruderer, in deren Domizil am Neu-Ulmer Ufer schon so manche olympische oder weltmeisterliche Leistung begossen worden ist.

Mehr Erfolg als den Fußballern war den Basketballern beschieden, die 2006 mit anhaltendem Erfolg erstmals in die 1. Basketball-Bundesliga aufgestiegen sind. Ihr Domizil ist seit Dezember 2011 die 6.000 Zuschauer fassende Ratiopharm-Arena

**VH UND HFG: DAS ERBE DER SCHOLLS**

Der Platz in der Mitte von Ulms Neuer Mitte erhielt 2006 den Namen »Hans-und-Sophie-Scholl-Platz«. Man hätte ihn besser »Geschwister-Scholl-Platz« taufen sollen, denn zu denen zählt auch Inge Scholl (1917–1998). Zusammen mit Otl Aicher, den sie 1952 heiratete, hat sie das geistige Leben Ulms nach dem Zusammenbruch der braunen Herrschaft nachhaltig geprägt.

Otl Aicher (1922–1991) hatte seit Herbst 1939 mit den Geschwistern Scholl in Kontakt gestanden. Er war der geistige Vater der Ulmer Volkshochschule (vh), die 1946 gegründet und von Inge Scholl geleitet wurde. Ihr Ziel war kein geringeres als im Geiste ihrer ermordeten Geschwister der vergangenen Barbarei die demokratische Alternative entgegenzusetzen und zur Einmischung in das politische, gesellschaftliche und kulturelle Leben der Stadt aufzufordern.

Das nächste Ziel der beiden war ein neuartiges *Zentrum einer aktiven Gegenwartskultur*, welches das Wiedererstarken der nach wie vor präsenten nationalistischen und reaktionären Kräfte verhindern sollte. Daraus wurde die legendäre Ulmer Hochschule für Gestaltung (HfG), die Otl Aicher zusammen mit Inge Scholl und Max Bill konzipierte.

Einer der Vordenker dieses Projektes war der Religionsphilosoph Romano Guardini. Während eines Spaziergangs auf dem Hochsträß schlug er vor, die HfG auf dem Gelände des Bundesfestungsforts Oberer Kuhberg entstehen zu lassen, das den Nazis als Konzentrationslager gedient hatte: *Aus dem Boden der Diktatur und des Militarismus soll ein Kristallisationspunkt des anderen Deutschland erwachsen, der dem Geist des Friedens und einer freien Welt anschaulich Ausdruck verleiht.*

Von 1953 bis 1955 wurden die HfG-Gebäude nach Max Bills Plänen erbaut, und schon knapp 30 Jahre später, von 1983 an, stand die gesamte Anlage wegen ihrer Bedeutung für die deutsche Nachkriegsarchitektur unter Denkmalschutz.

Innere Querelen und Geldmangel führten allerdings dazu, dass die ohnehin als links verschriene HfG bereits 1968 ihren Betrieb einstellen musste. Doch in der kurzen Zeit hat sie es geschafft, zur Legende zu werden. Und Otl Aicher, der zwei Jahre lang ihr Rektor war, brachte es als Designer zu Weltruhm. Für die Olympischen Spiele 1972 entwarf er das Piktogramm-System, für die Lufthansa deren stilisierten Kranich, und dem roten Sparkassen-S gab er seine heutige Form.

Für das Projekt HfG zahlten die Amerikaner 1 Mio. Mark in die »Geschwister-Scholl-Stiftung«, die Inge Scholl 1950 gegründet hatte. Der Name der Geschwister war ihnen Garantie, dass die Mittel im Sinne der neu gewonnenen Freiheit verwendet würden.

in der Nachbarschaft des 1965 eröffneten Sportzentrums am Muthenhölzle. In der Arena fühlen sich nicht nur Sportsfreunde zu Hause, sondern auch die Fans der Popstars, die dort ihre Konzerte oder Shows veranstalten.

Was die darstellenden Künste betrifft, spielte das Ulmer Theater in der unmittelbaren Nachkriegszeit eine herausragende Rolle. 1641 als das älteste städtische Theaterhaus errichtet, wurde sein Nachfolgebau am Ende des Zweiten Weltkriegs zerbombt, so dass das Ensemble bis zur Eröffnung des neuen Hauses 1969 mit der Turnhalle der Wagner-Schule Vorlieb nehmen musste. Doch das hat große Regisseure wie Johannes Schaaf sowie – unter dem Intendanten Kurt Hübner – Peter Zadek, Peter Palitzsch und den Bühnenbildner Wilfried Minks nicht daran gehindert, sich dort zu betätigen. Sie sorgten dafür, dass das Ulmer Turnhallen-Theater immer wieder bundesweit Aufsehen erregte.

Die Ulmer und auch die Neu-Ulmer, die kein eigenes Theater hatten, regten sich zwar bisweilen über die gewagten Inszenierungen auf, verhinderten sie aber nicht. Auch darin machte sich der Geist der Doppelstadt bemerkbar, die, im Grunde konservativ, doch immer wieder mit der Avantgarde ihren Frieden schließt.

# Anhang

## Zeittafel

| | |
|---|---|
| 4. Jh. n. Chr. | Die Alamannen legen am Fuße des Kienlesbergs ein Gräberfeld an, wo sie bis ins späte 7. Jh. bestatten. |
| 854 | Erste gesicherte Erwähnung Ulms in einer Urkunde König Ludwigs des Deutschen. |
| 955 | Otto der Große sammelt bei Ulm die Truppen für die Schlacht auf dem Lechfeld. |
| 1076–81 | Ulm spielt eine wichtige Rolle als Tagungsort während des Investiturstreits. |
| 1098 | Staufer-Könige machen Ulm zu einem ihrer Hauptstützpunkte. |
| 1131/34 | Zerstörung Ulms im salischen Erbfolgekrieg. |
| 1140 | Wiederaufbau und Erweiterung auf das Sechsfache der bisherigen Fläche. |
| 1181 | In einer Urkunde wird Ulm als *civitas* (Stadt) bezeichnet. Eine offizielle Stadterhebung ist nicht überliefert. |
| 1183 | Gründung eines Augustiner-Chorherrenstifts auf dem Michelsberg |
| 1274 | Verleihung des Esslinger Stadtrechts durch Rudolf von Habsburg. |
| 1294 | Erster Nachweis für eine Lateinschule in Ulm. |
| Von 1316 | Ulm wird auf das Vierfache der bisherigen Fläche erweitert. |
| 1345 | Blutige Auseinandersetzungen zwischen Zünften und Patriziat enden mit dem Sieg der Zünfte. Die Stadtverfassung des »Kleinen Schwörbriefs« garantiert ihnen die Mehrheit im Rat (17:15). |
| 1376 | 14 Reichsstädte vereinen sich zum Schwäbischen Städtebund. Kaiser Karl IV. belagert Ulm erfolglos. |
| 1377 | 30. Juni: Grundsteinlegung zum Münster. |
| 1397 | Der »Große Schwörbrief« erhöht die Zunft-Mehrheit im Rat auf 47 zu 25 Sitze. |
| 1480 | Ulm baut die Donaustadtmauer. |
| 1499 | König Maximilian verfügt auf Wunsch des Ulmer Rates, dass alle Juden die Stadt verlassen. |
| 1525 | Die Truppen des Schwäbischen Bundes, dem Ulm vorsteht, schlagen bei Leipheim die aufständischen Bauern vernichtend. |
| 1530 | In einer Bürgerabstimmung spricht sich die überwältigende Mehrheit für die Reformation aus. |

| | |
|---|---|
| 1531 | Ulm gibt sich eine evangelische Kirchenordnung. Die katholischen Orden verlassen die Stadt. |
| 1543 | Der Bau des unvollendeten Münsters wird eingestellt. |
| 1545 | Erste urkundliche Erwähnung des Fischerstechens. |
| 1548 | Kaiser Karl verbietet die Zünfte, setzt die Zunftverfassung des Großen Schwörbriefs außer Kraft und setzt einen ihm genehmen Rat ein. |
| 1552 | Im »Fürsten-« oder »Markgrafenkrieg« wird Ulm erfolglos vom Fürstenheer belagert. Aus Sicherheitsgründen bricht Ulm die Vorstadt auf der Donauinsel ab. |
| 1553 | An Stelle der Vorstadt wird ein Brückenkopf auf die Insel gebaut. |
| 1558 | Die Ulmer erhalten einen neuen Schwörbrief, der die Vorherrschaft des Patriziats festschreibt. |
| 1569 | Die hölzerne Donaubrücke wird durch eine steinerne ersetzt. |
| 1570 | Beginn der ulmischen Donauschifffahrt. |
| 1610 | Der Rat lässt außerhalb der Stadt Soldaten anwerben. Ulm wird Garnison und lässt die Grabenhäuschen auf der Stadtmauer bauen. |
| 1617/21 | Errichtung einer bastionären Stadtumwallung nach niederländischem Vorbild. |
| 1631 | In den Wirren des Dreißigjährigen Krieges wird das rechte Donauufer zunächst provisorisch befestigt. |
| 1632–35 | Ulm untersteht dem Kommando der Schweden und wird deren Operationsbasis. Die Befestigung des rechten Donauufers wird verstärkt. |
| 1641 | Ulm errichtet das erste deutsche Stadttheater-Gebäude. |
| 1702 | Im Verlauf des Spanischen Erbfolgekriegs besetzen zunächst bayerische und im folgenden Jahr französische Truppen Ulm. |
| 1704 | Der französische Oberbefehlshaber verlangt von Ulm hohe Kontributionen. Die Stadt prägt quadratisches Notgeld, den »Ulmer Gulden«. Kaiserliche Truppen beschießen Ulm, bis die Franzosen abziehen. |
| 1712 | Die erste große Auswandererwelle fährt von Ulm auf den Zillen donauabwärts in die von den Türken befreiten Gebiete. |
| 1714 | Ende des Spanischen Erbfolgekrieges, der die städtischen Finanzen langfristig geschädigt hat. |
| 1778 | Eine neue Steuerordnung löst die Forderung der Bürger nach mehr Mitbestimmung aus, die sie vor dem Reichshofrat in Wien einklagen. Damit beginnen die Bürgerrechtsprozesse. |
| 1794 | Bürger verhindern mit dem sog. »Kanonenarrest« den heimlichen Abtransport von fünf Geschützen, die am Rhein gegen französische Revolutionstruppen eingesetzt werden sollen. |
| 1796 | Französische Truppen besetzen Ulm vorübergehend. |

| | |
|---|---|
| 1800 | Die Franzosen belagern Ulm. Nach Abzug der Österreicher lassen sie die Bastionen schleifen. Der Festungsgürtel wird zur Promenade. |
| 1802 | 3. September: bayerische Truppen besetzen die Stadt. 29. November: Ulm wird bayerisch und Hauptstadt der Provinz Schwaben. |
| 1803 | Der Reichsdeputationshauptschluss besiegelt Ulms Zugehörigkeit zu Bayern. |
| 1805 | Die österreichische Besatzung Ulms legt am 20. Oktober vor Napoleon die Waffen nieder. |
| 1810 | 18. Mai: Ulm wird im Staatsvertrag zwischen Bayern und Württemberg geteilt. Die Stadt und die Gebiete links von Donau und Iller kommen zu Württemberg. 8. November: Die bayerischen Truppen ziehen aus Ulm ab, die württembergischen ein. |
| 1811 | Gravenreuth bestimmt den 22. April zum Entstehungstag der neuen Gemeinde »Ulm auf dem rechten Donau-Ufer«. 31. Mai: Albrecht Ludwig Berblinger, der »Schneider von Ulm«, scheitert mit seinem Flugversuch. |
| 1812 | Bislang ältester bekannter Nachweis der Ortsbezeichnung »Neu-Ulm«. |
| 1828 | 1. Juli: Zollschranken zwischen Bayern und Württemberg fallen. |
| 1832 | Die neue Ludwig-Wilhelms-Brücke verbindet Ulm mit Neu-Ulm. |
| 1835 | Erstmals seit 1499 wird ein Jude ins Ulmer Bürgerrecht aufgenommen. |
| 1843 | Ein erster Grundplan für Neu-Ulm entsteht. |
| 1844 | Beginn der Restauration und Vollendung des Münsters. In Ulm und Neu-Ulm werden die Grundsteine zur Bundesfestung gelegt. |
| 1847 | Ulmer »Brotkrawall«. |
| 1848 | Ulmer »Schiffskrawall«. |
| 1850 | Der Bahnhof Ulm wird in Betrieb genommen. |
| 1853 | Neu-Ulm erhält einen Bahnhof. |
| 1854 | Eröffnung der Eisenbahnbrücke zwischen Ulm und Neu-Ulm. |
| 1857 | Neu-Ulm erhält sein Stadtwappen. |
| 1859 | Die Bundesfestung ist fertig, aber bereits veraltet. |
| 1869 | 29. September: König Ludwig II. erhebt Neu-Ulm zur Stadt. |
| 1871 | Ulm und Neu-Ulm schließen einen Vertrag über die Gasversorgung Neu-Ulms. |
| 1872 | Erste Häuser im späteren Neu-Ulmer Ortsteil Ludwigsfeld. |
| 1873 | Ulm bekommt eine zentrale Trinkwasserversorgung. |
| 1879 | 14. März: Albert Einstein wird in der Bahnhofstr. 20 geboren. 15 Monate später zieht die Familie nach München. |
| 1890 | 31. Mai: Das Münster ist vollendet. |
| 1891 | Neu-Ulm wird kreisfrei. |

| | |
|---|---|
| 1894 | Der alte Ortsname »Schwaighofen« wird auf die Neu-Ulmer Riedhöfe übertragen. |
| 1897 | Ende der gewerblichen Ulmer Donauschifffahrt. Die Straßenbahn verbindet Ulm mit Neu-Ulm. |
| 1899 | Der Neu-Ulmer Wasserturm ist vollendet. Ulm kauft 70 Hektar Bundesfestungs-Gelände. |
| 1900 | Der Festungswall wird erstmals durchbrochen. Ulm kann sich erweitern. |
| 1905 | Söflingen mit Harthausen werden nach Ulm eingemeindet. |
| 1906 | Neu-Ulm kann mit dem »Entfestigungsvertrag« knapp 73 Hektar Festungsgelände erwerben. Der Illerkanal mit den Kraftwerken Ludwigsfeld und Neu-Ulm/Jakobsruhe wird gebaut. |
| 1908 | Offenhausen wird nach Neu-Ulm eingemeindet. |
| 1912 | Eröffnung der Gänstorbrücke. |
| 1914 | Ulm und Neu-Ulm werden Kriegsgarnison. |
| 1918 | Im Mai meutern in Neu-Ulm kriegsmüde bayerische Soldaten. 9. November: In Ulm gründet sich ein Arbeiter- und Soldatenrat. |
| 1919 | Neu-Ulm verliert seine Garnison, die Ulmer wird drastisch reduziert. |
| 1920 | Hungerrevolte in Ulm: Sieben Zivilisten werden getötet. |
| 1926 | Grimmelfingen wird nach Ulm eingemeindet. |
| 1927 | Wiblingen wird nach Ulm eingemeindet. Einweihung der von Dominikus Böhm umgebauten katholischen Stadtpfarrkirche St. Johann Baptist in Neu-Ulm. |
| 1928 | Der Neu-Ulmer Hermann Köhl überfliegt zusammen mit zwei weiteren Piloten den Atlantik erstmals von Osten nach Westen. |
| 1932 | Edwin Scharff vollendet das Kriegerehrenmal für die Gefallenen des Ersten Weltkriegs auf dem Schwal. |
| 1933 | Die Nationalsozialisten verhaften in beiden Städten ihre politischen Gegner. In Ulm wird ein KZ eingerichtet (bis 1935 im Betrieb). |
| 1940 | Neu-Ulm verliert seine Kreisfreiheit. |
| 1941 | Beginn der Deportationen von Ulmer Juden. |
| 1943 | Die Ulmer Hans (*1918) und Sophie (*1921) Scholl werden in München hingerichtet. |
| 1944 | Staatsakt mit anschließendem Staatsbegräbnis in Ulm für Erwin Rommel. 17. Dezember: Ein alliierter Bombenangriff verursacht einen verheerenden Feuersturm in der Ulmer Altstadt. Weitere Luftangriffe auf die Doppelstadt vernichten sie zum größten Teil. |
| 1945 | Vor dem Einmarsch der Amerikaner (24. April) lassen die Nationalsozialisten alle vier Donaubrücken sprengen. Die Amerikaner ernennen Robert Scholl zum Oberbürgermeister Ulms. Die Kienlesberg-Kaserne wird zum staatlichen Durchgangslager für Heimatvertriebene und Spätheimkehrer. |
| 1946 | Gründung der Ulmer Volkshochschule (vh). |

| | |
|---|---|
| 1948 | Erste Ulmer Oberbürgermeisterwahlen nach dem Krieg. Neu-Ulm erhält seine Kreisfreiheit zurück. |
| 1950 | Im Ulmer Donautal entsteht ein neues Industriegebiet. |
| 1951 | Die Doppelstadt wird US-Garnison. |
| 1952 | Der »Luther-Ausschuss« hält die Vereinigung Ulms und Neu-Ulms für sinnvoll. Bayern und Baden-Württemberg können sich nicht einigen. |
| 1953 | Bau des Donaukraftwerks Böfinger Halde. Die Hochschule für Gestaltung (HfG) nimmt ihren Betrieb auf. |
| 1954 | Die neue Ringbrücke (heute: Adenauer-Brücke) verbindet Ulm und Neu-Ulm. |
| 1956 | Mit Gründung der Bundeswehr erhält Ulm erneut eine deutschen Garnison. Die Amerikaner verlagern die ihre nach Neu-Ulm. |
| 1957 | Bau einer gemeinsamen Sammelkläranlage im Neu-Ulmer Steinhäule. |
| 1960 | Bau der Berufsschule Neu-Ulm. Gründung der Ingenieurschule Ulm (heute: Technische Hochschule Ulm). |
| 1967 | Gründung der Universität Ulm als Medizinisch-Naturwissenschaftliche Hochschule. |
| 1968 | Bau eines gemeinsamen Zentralschlachthofes im Ulmer Donautal. |
| 1969 | Erste gemeinsame Sitzung der beiden Stadtparlamente. |
| 1971 | Der Städtevertrag verpflichtet Ulm und Neu-Ulm zur Zusammenarbeit. Jungingen wird nach Ulm eingemeindet. |
| 1972 | Neu-Ulm wird dem Landkreis Neu-Ulm zugeschlagen. Ulm wird Stadtkreis und verliert seinen Landkreis. Unterweiler und Mähringen werden nach Ulm, Gerlenhofen nach Neu-Ulm eingemeindet. |
| 1973 | Die Ernst-Kommission will Neu-Ulm von Bayern trennen. Bayern ist dagegen. |
| 1974 | Eggingen, Donaustetten, Einsingen, Ermingen und Gögglingen werden nach Ulm eingemeindet. |
| 1975 | Lehr wird nach Ulm, Finningen nach Neu-Ulm eingemeindet. |
| 1976 | Hausen und Jedelhausen werden nach Neu-Ulm eingemeindet. |
| 1977 | Burlafingen, Holzschwang, Pfuhl, Reutti und Steinheim werden nach Neu-Ulm eingemeindet. Neu-Ulm baut das Edwin-Scharff-Haus als Tagungs- und Kongress-Zentrum. |
| 1979 | 36 Pershing-II-Raketen werden in Neu-Ulm gelagert. Die besorgte Bevölkerung protestiert 1983 mit einer 108 km langen Menschenkette von Stuttgart nach Ulm. |
| 1981 | Die Schließung des Ulmer Farbbildröhrenwerks Videocolor leitet die Umstrukturierung Ulms von der Elektro- und Nutzfahrzeug-Industrie zur Wissenschafts- und Forschungsstadt ein. |
| 1983 | Neu-Ulm beteiligt sich an den 1982 gegründeten Stadtwerken Ulm (SWU). |

| | |
|---|---|
| 1986 | Gründung der Wissenschaftsstadt Ulm. |
| 1988 | Abzug der ersten Atomraketen aus Neu-Ulm. |
| 1991 | Abzug der US-Streitkräfte aus Neu-Ulm. |
| 1992 | Die beiden Oberbürgermeister vereinbaren ein Zwölf-Punkte-Programm zur Zusammenarbeit. |
| 1993 | Eröffnung des Stadthauses auf dem Münsterplatz. |
| 1993/94 | Neu-Ulm erwirbt 142 Hektar ehemaliges US-Areal für den Bau von Wohnungen, Sport- und Kultureinrichtungen, eine Grundschule und die Hochschule. |
| 1994 | Gründung der Fachhochschule Neu-Ulm (heute: Hochschule Neu-Ulm, HNU). |
| 2000 | Beide Städte gründen den Stadtentwicklungsverband Ulm/Neu-Ulm. |
| 2007 | Die Tieferlegung des Neu-Ulmer Bahnhofs ist abgeschlossen. Die Kunsthalle Weishaupt komplettiert Ulms »Neue Mitte«. |
| 2011 | Die neue Ratiopharm-Arena in Neu-Ulm fasst 6.000 Zuschauer. |
| 2018 | Der Neu-Ulmer Stadtrat entscheidet mehrheitlich, beim Freistaat Bayern einen Antrag auf Kreisfreiheit zu stellen. Ulm wird Hauptquartier des neuen Kommandos für Militärtransporte und Logistik. |

## Bildnachweis

Ambs, Richard 26
Historisches Archiv Iveco-Magirus/Repro: Günter Merkle 168
Landesmuseum Württemberg, Foto: Armin Buhl, Museum Ulm 114 (r)
Museum Ulm 23; 33; 137
Museum Ulm, Foto: Natja Wollinsky 113
Naturkundliches Bildungszentrum Ulm 12; 16
Petershagen, Wolf-Henning 53 (r); 114 (l); 122
Seitz, Ulrich 139; 141; 152
Stadt Ulm, Abteilung Vermessung 8; 178/179
Stadtarchiv Neu-Ulm 154
Stadtarchiv Ulm 39; 43; 47; 49; 53 (l); 55; 61; 64; 66; 70/71; 85; 88; 89; 96; 99; 111; 117; 124; 127; 143; 147; 160; 167; 174
Stadtarchiv Ulm, Foto: Natja Wollinsky 74; 172/173

# Literatur

Die kursiv gesetzten Titel sind als Digitalisate im Internet zu finden

Herbert Birkenfeld: Luftbildatlas Region Ulm/Neu-Ulm, Langenau/Ulm 1987.
Andrea Bräuning: Um Ulm herum. Untersuchungen zu mittelalterlichen Befestigungsanlagen in Ulm (Forschungen und Berichte der Archäologie des Mittelalters in Baden-Württemberg 23), Stuttgart 1998.
Andrea Bräuning/Uwe Schmidt/Rainer Schreg: Ulm. Archäologischer Stadtkataster Baden-Württemberg 35, Esslingen 2008.
Georg Buck: Chronik der Stadt Neu-Ulm. Hg. von d. Stadt Neu-Ulm. Neudruck der Ausgabe von 1911/13, Ulm 1989.
Matthias Burger/Otmar Schäuffelen: Bundesfestung Ulm. Ein Führer durch die Festungsanlagen, Ulm 2002.
*Der Stadtkreis Ulm. Amtliche Kreisbeschreibung.* Hg. v. d. Landesarchivdirektion Baden-Württemberg in Verbindung mit der Stadt Ulm, Ulm 1977.
*Der Stadt- und Landkreis Ulm. Amtliche Kreisbeschreibung. Allgemeiner Teil,* Ulm 1972.
Felix Fabri: Tractatus de civitate Ulmensi/Traktat über die Stadt Ulm. Hg., übers. und komm. von Folker Reichert (Bibliotheca suevica 35), Konstanz, Eggingen 2012.
Johann Herkules Haid: Ulm mit seinem Gebiete, Ulm 1984 (Nachdruck der Ausgabe von 1786).
Jörg Haspel: Ulmer Arbeiterwohnungen in der Industrialisierung. Architekturhistorische Studien zur Wohnreform in Württemberg (Forschungen zur Geschichte der Stadt Ulm 22), Stuttgart 1991.
Wolf-Dieter Hepach: Ulm im Königreich Württemberg 1810–1848 (Forschungen zur Geschichte der Stadt Ulm 16), Ulm 1979.
*Konversion der Militärflächen in Neu-Ulm. Strategie. Konzept. Ergebnis. Von Militärarealen zu vitalen Stadtquartieren. Die städtebauliche Entwicklung auf Neu-Ulmer Konversionsflächen seit 1991.* Hg. von der Stadt Neu-Ulm, Abteilung Stadtplanung, Neu-Ulm, o. J.
Silvester Lechner: Das KZ Oberer Kuhberg und die NS-Zeit in der Region Ulm, Neu-Ulm (Reihe: Die NS-Zeit in der Region Ulm, Neu-Ulm 1), Stuttgart 1988.
Gudrun Litz/Susanne Schenk/Volker Leppin (Hrsg.): Vielstimmige Reformation in den Jahren 1531–1548, Stuttgart 2018.
Peter Löffelad: Flurnamen der Stadt Ulm und deren Bedeutung. Gemarkungen Ulm, Söflingen und Grimmelfingen ; unter Verwendung der archiv. Vorarbeiten von Karl Meder. (Forschungen zur Geschichte der Stadt Ulm, Reihe Dokumentation 8), Stuttgart 1992.
Emil von Loeffler: Geschichte der Festung Ulm, Ulm 1881.
Michael Loerke: Grenzgeschichten. Das Verhältnis zwischen Ulm und Neu-Ulm in der öffentlichen Meinung (Kleine Reihe des Stadtarchivs Ulm 2), Ulm 2004.
*Materialien zu den baulichen Anfängen der Stadt Neu-Ulm im 19. Jahrhundert.* Dokumentation der Ausstellung »Im Schatten des Münsters. Neu-Ulm. Die baulichen Anfänge im 19. Jahrhundert«. Hg. vom Stadtarchiv der Stadt Neu-Ulm; bearb. von Barbara Treu, Neu-Ulm 1993.
Eberhard A. Merk: Ludwigsfeld im Wandel zwischen 1918 und 2016. In: Ludwigsfeld im Wandel. Von den Anfängen bis heute. Hg. vom Stadtarchiv der Stadt Neu-Ulm, Neu-Ulm 2017.
Martin Nestler: Ulm erzählt. Historische Streifzüge, Erfurt 2017.
Gerold Neusser: Das Territorium der Reichsstadt Ulm im 18. Jahrhundert. Verwaltungsgeschichtliche Forschungen (Forschungen zur Geschichte der Stadt Ulm, Band 4), Ulm 1964.
*Neu-Ulm. 100 Jahre junge Stadt 1869–1969:* Hg. von der Stadt Neu-Ulm, Neu-Ulm 1969.

Friedrich Nicolai: Ulm betreffend. *Beschreibung von Ulm und dessen Gebiete ... (aus: Beschreibung einer Reise durch Deutschland und die Schweiz im Jahre 1781. Neunter Band)*, Berlin und Stettin, 1795.
*Beschreibung des Oberamts Ulm.* Herausgegeben vom K. Statistischen Landesamt. 2 Bände, Stuttgart 1897.
*Eduard Ohm:* Neu-Ulm. Augenblicke aus dem Leben einer Stadt, Neu-Ulm 1984.
*Simon Palaoro:* Stadt und Festung. Eine kleine Geschichte der Bundesfestung Ulm (Kleine Reihe des Stadtarchivs Ulm 6), Ulm 2009.
*Wolf-Henning Petershagen:* Schwörpflicht und Volksvergnügen. Zur Verfassungswirklichkeit und städtischen Festkultur in Ulm (Forschungen zur Geschichte der Stadt Ulm 29), Ulm 1999.
*Wolf-Henning Petershagen:* Ulms Straßennamen. Geschichte und Erklärung (Forschungen zur Geschichte der Stadt Ulm, Reihe Dokumentation 15), Stuttgart 2016.
*Hellmut Pflüger:* Plätze der Ulmer Altstadt (Ulmer Geographische Hefte 9), Ulm 1994.
*Pfuhl 1244–1994.* Mit einer Ortsgeschichte von Anton Aubele. Hg. von der Stadt Neu-Ulm aus Anlaß der 750-Jahrfeier des Stadtteiles Pfuhl (Dokumentationen des Stadtarchivs Neu-Ulm 5), Neu-Ulm 1994.
*Frank Raberg:* Biografisches Lexikon für Ulm und Neu-Ulm 1802–2009. Hg. Stadtarchive Ulm und Neu-Ulm, Ulm 2010.
*Tobias Ranker:* Auf dem Weg zur internationalen Stadt. Migration nach Ulm seit 1945, Ulm 2018.
*Lutz Reichardt:* Ortsnamenbuch des Alb-Donau-Kreises und des Stadtkreises Ulm (Veröffentlichungen der Kommission für geschichtliche Landeskunde in Baden-Württemberg, Reihe B 105), Stuttgart 1986.
*Uwe Schmidt:* Die Südbahn. Eisenbahn und Industrialisierung in Ulm und Oberschwaben, Ulm 2004.
*Christian Scholl:* Die Judengemeinde der Reichsstadt Ulm im späten Mittelalter. Innerjüdische Verhältnisse und christlich-jüdische Beziehungen in süddeutschen Zusammenhängen, Hannover 2012.
*Hans Eugen Specker:* Ulm. Stadtgeschichte, Ulm 1977.
*Hans Eugen Specker (Hg.):* Kirchen und Klöster in Ulm. Ein Beitrag zum katholischen Leben in Ulm und Neu-Ulm von den Anfängen bis zur Gegenwart, Ulm 1979.
*Hans Eugen Specker (Hg.):* Ulm im neunzehnten Jahrhundert. Aspekte aus dem Leben der Stadt. Zum 100. Jahrestag der Vollendung des Ulmer Münsters (Forschungen zur Geschichte der Stadt Ulm, Reihe Dokumentation 7), Stuttgart 1990.
*Hans Eugen Specker (Hg.):* Ulm im Zweiten Weltkrieg (Forschungen zur Geschichte der Stadt Ulm, Reihe Dokumentation 6), Stuttgart 1995.
*Hans Eugen Specker/Gebhard Weig:* Die Einführung der Reformation in Ulm. Geschichte eines Bürgerentscheids (Forschungen zur Geschichte der Stadt Ulm, Reihe Dokumentation, Band 2), Stuttgart 1981.
*Barbara Treu (Hg.):* Stadt Neu-Ulm, 1869–1994. Texte und Bilder zur Geschichte (Dokumentationen des Stadtarchivs Neu-Ulm 6), Neu-Ulm 1994.
*Ulmer Bilder-Chronik,* 6 Bände 1929–1989, Ulm.
*Herbert Wiegandt:* Ulm. Geschichte einer Stadt, Weißenhorn 1977.
*Reinhard Wortmann:* Das Ulmer Münster (Große Bauten Europas, Bd. 4), 3. Aufl., Stuttgart 1990.
*Zeugnisse zur Geschichte der Juden in Ulm. Erinnerungen und Dokumente.* Hg. vom Stadtarchiv Ulm, Ulm 1991.
*Gerd Zillhardt:* Der Dreißigjährige Krieg in Zeitgenössischer Darstellung. Hans Heberles »Zeytregister« (1618–1672). Aufzeichnungen aus dem Ulmer Territorium (Forschungen zur Geschichte der Stadt Ulm 13), Ulm 1975.

# Register

Acker, Hans 69
Affsprung, Johann Michael 110
Aicher, Otl 175
Alamannien 35, 38, 42
Albeck 63
Alter Friedhof 34, 51, 60, 134
Altheim/Alb 64
Anschütz, Firma 167
Arbeiter- und Soldatenrat 150
Arbeiterwohnungen 146
Aufklärung 109–111
Augsburg 35, 40f., 74, 76, 78–80, 110, 121, 126, 129
Augsburger Religionsfriede 84
Augustiner-Chorherren 52, 81, 83
Austerlitz 116, 119
Auswanderer 105f.
Bacher, Gideon 92
Bachmayer, Wolfgang 98
Barchent 59, 79
Baumwolle 59, 79
Bayern 7, 38, 47, 58, 65, 68, 95, 103, 115, 118–120, 123, 127–130, 138, 150, 165
Bebenhäuser Pfleghof 52, 54
Beginen 52
Beimerstetten 104
Benediktinerabtei Wiblingen 52
Bergen-Belsen 153
Berblinger, Albrecht Ludwig 125
Berthold von Rheinfelden 46
Berthold von Zähringen 46
Besserer, Familie 64f., 82f., 132, 138
Beuren 25
Beyer, August 144
Biebl, Peter 166
Bildungszentrum Kuhberg 170
Bill, Max 175
Blainville, Marquis de 104
Blarer, Ambrosius 81
Blau 14, 21, 27, 34f., 39, 51, 57, 62, 132
Blauinsel 51, 66
Böfingen 162
Bogotá 78
Böhm, Dominikus 151f.
Böhm, Johannes 76
Böhmen 72, 73, 93
Bond, James 167
Brauereien 120, 131–133
Braun, Hans 97
Braun, Wolfgang 97
Bronzezeit 22, 25, 27
Brotkrawall 131
Brunnenwerke 77
Bucer, Martin 81
Bundesfestung 7, 11, 15, 32, 95, 126, 128, 132, 135f., 145, 148, 153, 175
Bundeswehr 163
Bürgerausschuss 107–109, 112
Bürgerentscheid 80f., 170
Bürgerprozesse 108f., 119
Burlafingen 28, 122, 136, 165
Cannstatt 37, 42
Canossa 43f., 46
Chlodwig I. 35
Compiègne 120, 123
Dachau 153
Dagobert I., König der Franken 35
Dalfinger, Ambrosius 78
Deggendorf 87
Dekumatland 31, 35
Descartes, René 97
Deutscher Bund 126
Deutscher Orden 42, 52, 76, 81, 119
Deutscher Zollverein 127
Dieterich, Conrad 102
Dinckmut, Conrad 75
Displaced Persons 161f.
Döffingen 65
Dokumentationszentrum Oberer Kuhberg 153
Dominikaner 52, 76, 81, 90
Donau 7, 13–15, 19f., 22, 26–31, 35, 37, 51, 55, 67, 86f., 90, 105f., 112f., 118–123, 125, 127f., 130, 140, 150, 154f., 169
Donaubrücken 35, 68, 86, 90, 126, 129, 147f., 150, 156, 158, 164
Donaucenter 169
Donauinsel 27, 84, 86, 120, 128, 151
Donaukraftwerk Böfinger Halde 166
Donaukreis 123
Donauschifffahrt, Ulmische 87, 105f., 130
Donauschwaben 105
Donaustadion 174
Donaustetten 165
Donauübergang 27, 35, 51f.
Donauwörth 93
Dornstadt 163
Dreifaltigkeitskirche 90

**187**

Dreißigjähriger Krieg 54, 87, 92, 101f.
Druckergewerbe 75f., 82, 98, 110, 133
Dürer, Albrecht 85f.
Eberhard der Greiner 64f.
Eberhardt, Firma 132
Eberlin, Johann 79f.
Edwin-Scharff-Haus 170
Eggingen 13, 20, 165
Ehinger, Ulrich 90
Ehrenbürger 145, 152
Ehrenstein 20, 132
Einsingen 165
Einstein, Albert 134
Eisenbahn 129, 132
El Dorado 78
Elchingen 84, 116, 119
Elefantensiedlung 162, 171
England 79, 103
Enns 53
Ensingen, Ulrich von 69
Ensinger, Matthäus 69
Entfestigung 117f., 146
Epp, Franz Ritter von 150
Erhart, Michel 69, 72
Ermingen 13, 165
Ernst, Herzog von Schwaben 42
Ernst-Kommission 165
Eselsberg 12, 14, 17, 162
Fabri, Felix 48f., 51, 54, 62, 68, 71, 76f.
Fahrian, Wolfgang 174
Fastnacht 88, 90
Faulhaber, Johann 92, 94, 97, 101
Federmann, Nikolaus 78
Fernhandel 20, 53, 57f., 73, 79
Fesslen, Kaspar 108
Feuerwehr 133
Finningen 28, 30, 84, 165
Fischer- und Schifferzunft 106, 113
Fischer, Sebastian 65, 81
Fischer, Theodor 149
Fischerstechen 67, 91
Flüchtlinge 92, 101, 160, 162
Foerster, Friedrich 154f., 158
Franck, Sebastian 76, 82
Franken 34f., 38, 40f., 44
Frankfurt 40, 51, 126
Frankreich 53, 83, 95, 103f., 107f., 115–118, 126, 128, 136, 168
Franz I., Kaiser 106
Franz II., Kaiser 119
Franziskaner 52, 80, 81, 170
Französische Revolution 108f.
Frecht, Martin 82f.

Freikorps Epp 150
Freudeneggerhof 122
Friedhöfe 34, 36, 54, 60, 63, 134
Friedrich I. Barbarossa, Kaiser 50, 55
Friedrich I. von Staufen, Herzog 46–48
Friedrich I., König von Württemberg 120, 125, 127
Friedrich II. von Staufen, Herzog 47
Friedrich II., Kaiser 48, 50, 53
Friedrichsau 14, 113, 127, 147, 170
Fugger 79
Fürsten- oder Markgrafenkrieg 83
Furttenbach, Joseph 92f., 95, 97, 100f.
Galgenberg 147
Garnison 94, 120, 149f., 151, 154, 162–164, 171
Gastwirtschaften 100, 151
Gasversorgung 138
Gebietsreform 165
Geislingen 63, 85
Gerlenhofen 165
Glacis 146, 162, 170
Gögglingen 94, 165
Gönner, Ivo 166
Grabenhäuschen 93
Gräth 73
Gravenreuth, Karl Ernst von 120f.
Gregor VII., Papst 43
Griesinger, Jakob 76
Grimmelfingen 147
Grosse, Firma 167
Grüner Hof 52f.
Guardini, Romano 175
Gundelfinger, Andreas 79
Gurrenhof 14, 122
Gustav Adolf, König 94
Gymnasium 97, 101f., 110, 138
Haag, Alfred 153
Habrecht, Isaak 75
Habsburger 58, 103
Hafen 53, 87, 155
Hahn, Joachim 22
Haid, Johann Herkules 110, 112–114
Hans, Johannes 114, 116f.
Harburger, Heinrich 134
Hartmann, Meister 69, 72
Haslach 116
Haßler, Conrad Dietrich 32, 141f.
Hausen 165
Hebenstreit, Johann Baptist 98
Heberle, Hans 95
Heilbronnerin, Sabina 115
Heinrich der Stolze 48

Heinrich III., Kaiser 42
Heinrich IV., Kaiser 43–48, 55
Heinrich Raspe 51
Heinrich VII., König 50
Heirich V., Kaiser 47
Helb, Johann Wilhelm 133
Helfenstein 63
Hertling, Wilhelm von 118
Herzogtum Schwaben 46, 63
Heuberg 153
Hirschstraße 27, 52, 132
Hitler, Adolf 153, 156
Hittistetten 20
Hochschule für Gestaltung 175
Hochschule Neu-Ulm 170f.
Hochsträß 14, 17, 27, 35, 52, 175
Hoeneß, Uli und Dieter 174
Hoftag 38f., 41, 43, 44, 50
Högg, Clemens 153
Hohlenstein-Stadel 18, 22f.
Hohler Fels 19
Holl, Lienhart 75
Holzschwang 165
Hübner, Kurt 176
Hungerrevolte 157
Iller 15, 26, 28, 30f., 35, 114, 119f., 123, 148
Industrialisierung 131–134, 145
Industrie 148, 151, 158f., 166, 168
Ingolstadt 27, 87
Innsbruck 84
Interim 83
Investiturstreit 42, 45
Israeliten 135
Italien 53
Jäcklin 63, 65
Japan 97
Jedelhausen 165
Johannes-Kirche 53
Judenemanzipation 133
Judengemeinde 53, 63, 65, 133f., 156, 161
Judenhof 52, 63
Judenverfolgung 63, 156
Kalenderreform 98
Kanonenarrest 107
Karg 81
Karl der Große 37, 38, 73
Karl IV., Kaiser 60, 64
Karl V., Kaiser 67, 78, 80, 82f., 90
Karl, Erzherzog 108
Karolinger 37

Kasernen 119f., 136, 148–150, 154, 160–163
Kässbohrer, Firma 132, 167
Katholiken 76, 83f., 93, 122, 134–136, 151
Kaufleute 53, 58, 74, 79, 112, 133
Kepler, Johannes 97f.
Kern, Johannes 110
Kettenbach, Heinrich von 80
Kiechel, Daniel 90
Kiechelhaus 90
Kienlesberg 31f., 34, 36, 116, 141, 160, 163
Kirchberg, Grafen Hartmann und Otto von 44
Kirchen 51, 60, 81, 136, 149, 151
Klarissen 52
Klöckner Humboldt Deutz, Firma 167, 169
Klöster 44, 51f., 60, 76, 89, 119, 132, 148
Klosterhöfe 51f.
Koalitionskriege 116, 119f.
Kögel, Firma 167
Köhl, Hermann 152
Köhler, Friedrich 110
Kollmann, Josef 146, 148
Kongresszentrum 170
Königshof 35, 38, 45
Konrad I. 39
Konrad II., Kaiser 42
Konrad III., König 48–50
Konradin, Herzog 50
Konstanz 38, 45, 81
Konversion 171
Konzentrationslager 153, 175
Krafft, Lutz 90
Kreisfreiheit 138, 155, 165f.
Krieghoff, Firma 167
Kriegsgefangene 136, 149, 160
Kriegsopfer/-schäden 12, 82, 112, 158f.
Kuhberg 12, 27–29, 147, 149, 153f., 162, 170, 175
Langenau 63, 93
Lateinschule 76, 101
Lebzelter, Franz 79
Lehr 20, 84, 165
Lehrer Tal 147
Leinwand 56, 59
Leipheim 63, 85
Leipzig 94, 126
Leube, Ernst Gustav 132
Liga 93–95, 97

**189**

Limes 28–31
Lothar III., Kaiser 47–49
Löwenmensch 19, 22–24
Ludwig der Bayer 58f., 62
Ludwig der Deutsche 38f., 45, 47
Ludwig der Fromme 38
Ludwig I., König von Bayern 126, 135
Ludwig II., König von Bayern 136–138
Ludwigsfeld 137, 155, 169
Luitpold, Prinzregent 138
Luther, Hans 164
Luther, Martin 80
Lutheraner 78, 84, 104
Mack von Leiberich, Karl 117
Magazinbauten 88
Magirus, Conrad Dietrich 132
Magirus, Firma 132f., 167f.
Mähringen 98, 104, 165
Maracaibo 78
Maria Theresia 106
Mauch, Daniel 69
Max Emanuel, Kurfürst von Bayern 103, 115
Maximilian I. Joseph, König von Bayern 120f.
Maximilian I., Herzog von Bayern 93
Maximilian I., Kaiser 91
Maximilian II., König 137
Meder, Johann 98
Meier, Richard 170
Meister Eckhart 76
Melanchthon, Philipp 80
Memmingen 85, 93
Merian, Matthäus 101
Merowinger 34, 35, 37
Michelsberg 12, 14, 31f., 51, 128, 131, 136, 147
Militäreinrichtungen 149
Miller, Johann Martin 110
Miller, Onophrius 101
Minks, Wilfried 176
Moreau, Jean-Victor 118
Mörike, Eduard 140
Moritz von Sachsen 83
Mühldorf am Inn 58
Müller-Kamphausen, Fritz 152
Multscher, Hans 70, 73
München 129, 134, 146, 150, 156, 165
Münster 11, 34, 54, 60, 65, 68f., 71f., 75, 79, 140
Münsterplatz 21, 34, 41, 50f., 54, 60, 77, 140, 161, 170
Museum Ulm 9, 90, 97

Muthenhölzle 176
Nabada 67
Napoleon 7, 30, 109, 116f., 119, 126
NATO 163
Neandertaler 18
Neenstetten 95
Nelson Barracks 162
Nersingen 28
Neue Mitte 52, 171
Neue Straße 21, 27, 52, 161, 170
Neuer Bau 40, 51, 90
Neustadt, Ulmer 7, 14, 136, 138
Nicolai, Friedrich 109–111
Niederlande 79, 92, 103
Nikolauskapelle 52
Novemberrevolution 150
Nuißl, Franz Josef 153–156
Nürnberg 63, 140
Nuxit 165f.
Oberdonaukreis 120
Ochsenhäuser Hof 52
Oekolampad, Johann 81
Offenhausen 62, 84, 103, 113f., 121f., 148, 162
Osmanen 105
Österreich 53, 108, 116–118
Österreichischer Erbfolgekrieg 106
Ostgoten 35
Otto der Große 40
Ottonen 39, 42
Palitzsch, Peter 176
Paris 119, 126, 147
Parler, Heinrich d. J. 69
Patrizier 54, 57–59, 67, 81, 83, 89, 107, 111f.
Pershing-II-Raketen 163
Pest 63, 92, 95
Petruskirche 136
Pfaffenhofen 25
Pfäfflingen 23
Pfalz Ulm 38–41, 45, 49f.
Pfalzareal 51, 91
Pfalzkapelle 38, 41f., 51, 89
Pfarrkirche ennet felds 32, 37, 51, 60, 68
Pfizer, Theodor 67
Pfleghöfe 52
Pfuhl 15, 62, 84, 113, 121f., 129, 136, 165
Philipp, Prinz von Spanien 90
Prittwitz und Gaffron, Moritz Karl Ernst von 128, 130, 135, 145, 154
Protestanten 82, 122, 134–136

Rabus, Ludwig 84, 87, 102
Rathaus Neu-Ulm 151, 162
Rathaus Ulm 72–74, 88, 158
Ratiopharm-Arena 174
Ratpert 45
Ravensburg 79
Rayonbestimmungen 146
Regensburg 40, 46
Reger, Johannes 75
Reichenau 37, 61
Reichenauer Hof 88, 90
Reichshofrat 107–109
Reinz, Firma 167
Rembold, Heinrich 54, 79
Rembold, Jacob 79
Rentz, Sebastian 78
Reutti 84, 165
Revolutionskriege 107
Rhein 30, 31, 107f., 116
Rieder, Sebastian d. Ä. 84
Riedhöfe 137
Riedzaum 113, 123
Röder, Isaak 134
Rom 44, 55
Rommel, Erwin 157
Rommel, Septimus 115
Rote Wand 15
Rudolf von Schwaben 44, 46
Ruthwen, Patrick 94
Rychard, Wolfgang 80
Sachsen 39–41, 47, 83
Safranberg 12, 147
Salier 42, 47f.
Salischer Erbfolgekrieg 47
Salmannsweiler Hof 52
Sam, Konrad 80, 82
Sammlungsschwestern 52
Sammlungsstift 81
Schaaf, Johannes 176
Schad, Ludwig 94
Schaffner, Martin 69, 74
Scharff, Edwin 151
Schedel, Hartmann 68
Schelklingen 19
Schickhardt, Wilhelm 98
Schießhaus 105, 112
Schiffskrawall 131
Schmalkaldischer Bund 81, 82
Schmalkaldischer Krieg 83
Schmalzhäusle 54
Schmid, Elisabeth 23
Schmid, Johann Christoph 110
Scholl, Geschwister 156, 159, 175
Scholl, Inge 175
Scholl, Robert 159
Schott von Schottenstein, Max 145f.
Schubart, Christian Daniel Friedrich 110
Schüchlin, Hans 69
Schumacher, Kurt 153
Schwaben, Provinz 119, 123, 134
Schwäbisch Gmünd 29
Schwäbisch Hall 82
Schwäbische Alb 11–15, 18–20, 28, 35, 132, 155, 164
Schwäbischer Bund 86, 91
Schwäbischer Reichskreis 90f., 94, 98, 105, 107
Schwäbischer Städtebund 65
Schwaighofen 40, 53, 62, 66, 137, 155, 162
Schwal 87, 113, 151
Schwamberger, Emil 153, 155, 157
Schwanenwirtin 115
Schwarzenberg, Johannes von 75
Schweden 94, 95
Schwenckfeld, Kaspar 82
Schwenk, Eduard 132
Schwör(mon)tag 66f., 83, 90, 113, 119
Schwörbrief 59, 67, 80, 83, 107f., 119
Schwörglocke 66
Schwörhaus 41f., 66, 89, 94
Scultetus, Johannes 101
Seltzlin, David 98
Setzingen 163
Seuse, Heinrich 76
Siebenjähriger Krieg 106
Sigismund, Kaiser 73
Söflingen 25, 31, 35, 51, 105, 119, 132, 147
Sowjetunion 162, 164
Spanischer Erbfolgekrieg 103, 115
Spiritualisten 82
Spital 51, 62, 124
St. Blasien 46
St. Gallen 38, 45
St. Johannes Baptista 136, 151
Stadelhof 39
Stadtbefestigung 49–52, 54, 68, 84, 86, 92–94, 118, 136
Städtebünde 64
Stadtentwicklungsverband 166
Stadterweiterungen 49, 62, 135, 148
Städtevertrag 165
Stadtgraben 51f., 62, 77
Stadthaus 21, 51, 170
Stadtrecht 56

Stadttore 50, 52 f., 103, 116, 142
Stadtwappen 137
Stauferstadt 41, 50f.
Steinhäule 113f., 127, 166
Steinhaus 52
Steinheim 84, 165
Steinhöwel, Heinrich 75
Stetten am kalten Markt 153
Stocker, Jörg 69
Straß 28
Straßburg 81, 114
Straßenbahn 140
Straßenbeleuchtung 138, 140
Streicher, Agathe 82
Striebelhof 113, 122
Stromversorgung 139f.
Stuttgart 20, 129 f., 145, 150, 164
Südwest-Chemie, Firma 167
Sühnebriefe 59
Synagoge 63, 134, 156
Syrlin, Jörg d. Ä. 69, 72
Syrlin, Jörg d. J. 69
Täufer 82
Technische Hochschule Ulm 169
Telefunken, Firma 167–169
Territorium 17, 62f., 85f., 92f., 105, 118
Theater Ulm 176
Theoderich 35
Theresienstadt 156
Trinkwasserversorgung 77
Tröglen, Gustav Adolf 142
Turek, Toni 174
Ulmer Geld/Gulden 41, 104
Ulmer Rücken 14
Ulmer Schachtel 74, 87, 106
Ulmer Schule 69
Ulmer Winkel 36, 123
Ungarn 40, 72 f., 105
Ungelter, Hans 78
Union 93
Universität Ulm 169
Untere Bleiche 146
USA 158f., 162–164, 176
Valckenburgh, Johann van 92
Valentinskapelle 52, 54
Venezuela 78
Verein für Kunst und Altertum in Ulm und Oberschwaben 141
Verfassung 58, 67, 119, 150
Videocolor, Firma 168f.
Volkshochschule, Ulmer 175
Wagner, Heinrich 146, 148

Wagner, Ulrich 110
Wain 107
Waldburg, Georg Truchsess von 86
Wallenstein, Albrecht von 93
Walther, Firma 167
Wasserturm 139, 148, 151
Wasserversorgung 77, 139
Weber 56, 57
Weickmann, Christoph 97
Weickmann, Niklaus 69
Weinhof 32, 34–36, 38, 41, 50, 57, 66, 115, 134, 156
Weinhofberg 51, 57
Weiße Rose 156
Welfen 46–48
Welser 78
Wengenkirche 119, 135
Wengenstift 51, 66, 83, 119
Werdenberg, Graf von 62
Westerlingen 32, 34
Weststadt 147
Wetzel, Robert 22
Wiblingen 44, 52, 84, 105, 119, 147f., 169
Wiedertäufer 82
Wieland, Philipp Jakob 132
Wieland-Werke 132
Wien 105–109, 119, 126
Wiley-Areal/Barracks 162, 164, 171
Wilhelm I., König von Württemberg 126
Wilhelmsburg 32, 128, 146, 162f., 167
Windorf 87
Wissenschaftsstadt 169
Witzighausen 20
Württemberg 7, 64f., 110, 114, 120, 123, 127–130, 132f., 138, 150, 153, 157
Zadek, Peter 176
Zainer, Johann 75
Zeiller, Martin 101
Zeitblom, Bartholomäus 69
Zeitungen 110, 133
Zementindustrie 11, 132
Zeno 42
Zeughaus 90, 95, 107f., 148
Zingler, Rudolf von 145 f.
Zisterzienser von Bebenhausen 54
Zünfte 57–59, 67, 79, 82f., 107–109, 112
Zwangsarbeiter 160, 167
Zwingli, Huldrych 80f., 84

**192**